新版 雅俗文

化書系

樸初題

闲情是什么？一川烟草，满城风絮，
梅子黄时雨。闲情在哪里？
一个扁舟，尽容渔叟，到处闲情。
闲情如何培养？政事堂中辞重位，
图书阁下养闲情。
闲情怎样消解？却怪闲情消不尽，
据床长咏《竹枝词》。
闲情如何表达？一曲丝桐余古意，
百篇风月寄闲情。
但问情闲何处去？
一本小书，几则故事，说尽闲情。

闲情文化

新版 雅俗文化书系

过常宝 主编
杜辛 著

中国经济出版社
CHINA ECONOMIC PUBLISHING HOUSE
·北京·

图书在版编目（CIP）数据

闲情文化／过常宝主编．--北京：中国经济出版社，2013.1（2023.8重印）

（新版"雅俗文化书系"）

ISBN 978-7-5136-1905-9

Ⅰ．①闲… Ⅱ．①过… Ⅲ．①闲暇社会学-文化-中国-通俗读物 Ⅳ．①C913.3-49

中国版本图书馆CIP数据核字（2012）第223348号

策划编辑　崔姜薇

责任编辑　崔姜薇

责任审读　霍宏涛

责任印制　张江虹

封面设计　任燕飞装帧设计工作室

出版发行　中国经济出版社

印 刷 者　三河市同力彩印有限公司

经 销 者　各地新华书店

开　　本　880mm×1230mm　1/32

印　　张　6.625

字　　数　145千字

版　　次　2013年1月第1版

印　　次　2023年8月第2次

定　　价　39.80元

广告经营许可证　京西工商广字第8179号

中国经济出版社　**网址**　www.economyph.com　**社址**　北京市东城区安定门外大街58号　**邮编**　100011

本版图书如存在印装质量问题，请与本社销售中心联系调换（联系电话：010-57512564）

编　委　页

序一　季羡林序

（第一版“雅俗文化书系”序）

在中国，在文化艺术，包括音乐、绘画、书法、舞蹈、歌唱等方面，甚至在衣、食、住、行，园林布置，居室装修，言谈举止，应对进退等方面，都有所谓雅俗之分。

什么叫“雅”？什么叫“俗”？大家一听就明白，但可惜的是，一问就糊涂。用简明扼要的语句，来说明二者的差别，还真不容易。我想借用当今国际上流行的模糊学的概念说，雅俗之间的界限是十分模糊的，往往是你中有我，我中有你，决非楚河汉界，畛域分明。

说雅说俗，好像隐含着一种评价。雅，好像是高一等的，所谓“阳春白雪”者就是。俗，好像是低一等的，所谓“下里巴人”者就是。然而高一等的“国中属而和者不过数十人”，而低一等的“国中属而和者数千人”。究竟是谁高谁低呢？评价用什么来做标准呢？

目前,我国的文学界和艺术界正在起劲地张扬严肃文学和严肃音乐与歌唱,而对它们的对立面俗文学和流行音乐与歌唱则不免有点贬意。这种努力是未可厚非的,是有其意义的。俗文学和流行的音乐与歌唱中确实有一些内容不健康的东西。但是其中也确实有一些能对读者和听众提供美的享受的东西,不能一笔抹煞,一棍子打死。

我个人认为,不管是严肃的文学和音乐歌唱,还是俗文学和流行音乐与歌唱,所谓雅与俗都只是手段,而不是目的。其目的只能是:能在美的享受中,在潜移默化中,提高人们的精神境界,净化人们的心灵,健全人们的心理素质,促使人们向前看,向上看,向未来看,让人们热爱祖国,热爱社会主义,热爱人类,愿意为实现人类的大同之域的理想而尽上自己的力量。

我想,我们这一套书系的目的就是这样,故乐而为之序。

季羡林

1994年6月22日

序二 新版“雅俗文化书系”序

人的行为、意识、关系,人所面对的制度、风俗、物质等,都是文化。对于芸芸众生来说,文化与生俱来,人人都不能离开文化而生存。

古人说“物相杂,故曰文”(《周易·系辞下》),又说“五色成文而不乱”(《礼记·乐记》),所以,“文”就是多种色泽的搭配,它比自然状态有序而且更好看。圣人以此“化”人,就是要将人从蒙昧自然状态中改造过来,成为知廉耻、懂辞让、有礼仪的人。

现代人自我意识增强,就不这么看了。梁启超说:“文化者,人类心能所开释出来之有价值的共业也。”(《什么是文化》)就是说,文化是人类集体内在的灵性和智慧之花,这些花朵被普遍认可,并且形成一道道风景:道德、艺术、政治形态等。

这两种说法都有道理:先知先觉的天才们,引领着文化的方向;而我们每一个人,也都参与了文化的创造和延续。如此,文化才成其为文化。

政治、经济、伦理、哲学、学术、文学、艺术等,与意识形态和价值有关,有着官方色彩,可以称之为主流文化。而以社会生活为中心,如家庭、行业、风俗、技艺、生活行为等,以及一部分游离在社会法律和制度之外的行为,如绿林、帮会、寺庙、赌博等,则可称之为非主流文化或次生文化。

由于今天的“非主流文化”有“反主流文化”的意思,为了避免歧义,我们也可以直接地将这一部分内容称为生活文化和世俗文化。

主流文化对社会的发展至关重要,是精英们的舞台,他们以及他们精美的创造,为我们的社会树立了目标和尺度。但是,与我们每个人生活相关的,却是生活文化和世俗文化。生老病死、衣食住行、百般生业、游观娱乐、江湖绿林、方士游医、沿街托钵、鸡鸣狗盗……正是这一切,构成了日常生活的文化图景。

本书系关注社会生活,关注这五光十色的世俗图景,并希望能够完整地将它们勾勒出来。我们相信,这一幅幅的生活情态、世俗图景,甚至比那些彩衣飘飘、粉墨登场的角儿、腕儿,更加真实,也更有风采。

以“雅俗文化”为名,是为了显示我们对趣味的偏爱,并以此来区分于主流文化典正的姿态和庄严的价值观。其实在生活中是无所谓雅和俗的，弹琴虽然需要更多的教养，赌博对有些人来说似乎天生就会，但作为技艺，两者真有高下的差别吗？何况庄子说一切都与道相通，什么都可以玩出境界来。古人不是常拿厨艺说政治，并且还真有好厨师成了政治家的例子吗？所谓“雅俗文化”，不过是遵从习惯的说法，并没有价值高下的意思。

日常生活及世俗图景都是文化，但文化毕竟具有建构性特点。换句话说，那些散乱的现象、意识、习惯等，只有被理解了，才具有意义，才能成为文化。我们编纂这套书系的目的，就是帮助人们理解日常生活和生活传统，从而能真正地从生活中体会到意义和趣味，增加人生的内涵。

我们期望编撰一套集知识性、趣味性甚至实用性为一体的文化丛书。它虽然不是学术著作，但就某一类别文化而言，应该有着系统的、可靠的知识，应该充分揭示出它的精神和境界，并融贯在对各种精彩文化现象的描述之中，使之真正贴近生活、提升生活，成为一道道能够颐养性情、雅俗共赏的精美的文化大餐。

过常宝

2011 年 3 月

前言 闲情是对生活的热爱

“闲情”一词并非现代人的独创，早在千百年之前，诗、词、赋等传统文学中就已经大量出现描述闲情、闲趣的词句。插花、茶道、绘画等都是从人们的闲情之中变化发展，最终成为一种艺术的。

原始社会，人们在填饱肚子之后如何打发空闲时间呢？他们拿起石头作为画笔，以岩洞内壁为画布，将平日所见的动物，甚至自己的形象生动地描绘在上面，成为震惊世人的奇观。在我国新疆呼图壁县和内蒙古阴山地区，考古学家们发现了原始人类的壁画。这些壁画不仅展示了原始人类的智慧与欢乐，也是当时人们抒发闲情的方式之一。

广西宁明县的明江、凭祥和龙州等地，位于左江流域，长达两百多公里。人们在沿岸峭壁上陆续发现了近两百处颜色赤红的岩画，据考证，这是古代骆越人留下的，上面绘有丰富的人物、动物、器械等。其中宁明花山岩画以图像复杂、内容丰富、画面最大、年代最久远而著名。花山的整幅岩画画面长达172米，高约50米，面积8000多平方米。现存各种图像111组，约900多个。据学者考证，花山岩画在目前国内已知的同类岩画中，不仅保存得最完好，而且规模最大。

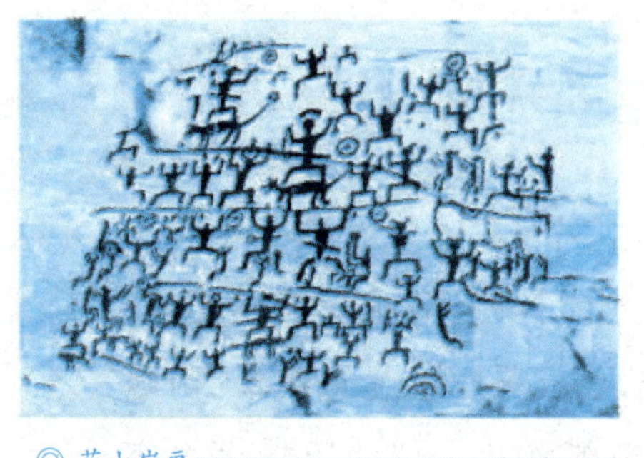
◎ 花山岩画

花山岩画是壮族先人对自己精神世界的表达，也是对原始闲情的发散。包含了人们在早期宗教和巫术思想的支配下，形成的观察世界的方式，显示出人类原始的艺术天赋和生命意识。壮族先民以岩画的方式，表达了与自然宇宙的亲近和交融。他们长期在大自然的土地、山川中繁衍生息，以岩石为画布，画下这最原始的生存感悟，充满了生命的活力与冲击。画中的人物形象简洁明了，以四肢动作变化表达体态与情感，画面热烈奔放、明快生动。花山岩画是壮族先民智慧与闲情的结晶。

“闲”的古字为“閒”，一开始侧重于空间的宽裕，随着字义的演化，逐渐变为侧重时间上的宽裕。所谓闲情，至少需要两个条件，一是人们拥有时间的闲暇，二是人们心境上的悠闲。如果说工作为人们提供成就感和满足感，那么闲情则为人们的生活、心态注入一股不可忽视的精神力量，让人们得到身心两方面的休息，心情更加轻松愉快。没有闲情的滋润，人们虽然也可以生活下去，但生活质量会大大降低，只能算是最基本的生存而已，而不是有品质的生活。现代社会生活节奏飞快，人们的精神压力和生活压力不断增加，所以更需要美好的休闲生活。与家人挽臂散步、去商场购物、玩电子游戏、去郊外采摘以及在国内外旅行等休闲方式盛行，就是由于人们渴望在闲暇时光中尽可能地享受生活，从平日躁动、疲惫的生活中解脱出来，抚慰自己平日紧张忙碌的心情。

孔子曾与子路、冉有、曾点、公西华谈论人生志趣，子路等人表达了自己对参与家国政事的向往和信心，孔子却对他们的宏图大志不置可否，认为他们对自己并没有清醒的认识。轮到曾点时，曾点从容鼓瑟直到曲终，然后才说：“暮春者，春服既成，冠者五六人，童子六七人，浴乎沂，风乎舞雩，咏而归。”曾点的想法得到了孔子的大力赞同，因为他所憧憬的正是拥有闲情闲趣的生活，在暮春时节与友人去河边吟咏沐

◎ 子路、曾皙、冉有、公西华侍坐图

浴，这是古人高雅清新的风度，也是对安定、平静、美好的社会生活的形容和向往。若是乱世，绝不可能有如此祥和的生活情景，此言虽然看似简单，却以小见大，因而能得到孔子的肯定。从这段对话中，足见闲情之于人的重要性。

中国古代文人尤其关注对自身闲情的培养，他们认为，闲情对于丰富精神世界具有不可取代的重要性。只有拥有闲情，人才能暂时脱离俗事的困扰和生存的压力，在纷繁的世事中构筑自己的精神家园，才能在自然与红尘之中独具慧眼，发现不为人知的美丽和感动。正如清代文人张潮在《幽梦影》中对"闲"的阐述："能闲世人之所忙者，方能忙世人之所闲。人莫乐于闲，非无所事事之谓也。闲则能读书，闲则能游名胜，闲则能交益友，闲则能饮酒，闲则能著书，天下之乐孰大于是？"忙里偷闲地寻找自己的兴趣所在，并努力发展自己的兴趣，以此充实自己的性格和人生，是闲情发展的主要方式。

"闲"是人类创造文化的根本条件之一，由"闲"而生闲情，于是生活中大小细微之处都能生出美境，成为人们享受生活的情感之源。

目前市面上关于"闲情"的书籍和文章并不少见，主要是名家散文集，内容一般为文人书写闲情逸致的美文。辑录这类文集的目的，在于收集文人描写闲情闲趣的文章，以供世人消遣猎奇。虽然"闲情文化"渐渐变成时髦话题，但专门介绍和研究闲情文化的书籍却寥寥无几。

闲情其实范围很广，并不仅专属于古代文人，而包括文人闲情与大众闲情两种类型。文人闲情主要表达文人雅趣，并不普遍为人们所了解和接受，而大众闲情则普遍存在，以消遣玩乐为主，参与者非常广泛。古代文人士大夫阶层相对有钱有闲，而且留下了相当多的记录闲情的文字，可供后人阅读欣赏，一般老百姓的闲情生活则很少留下文字记载，因此古代文人闲情更受到今人的关注。

传统意义上来说，闲情文化是对古人闲适、闲逸等相关情感的概括，为了欣赏美而存在，主要关于人们心灵和思想层面。中国古代文学的繁盛与文人的生活方式密切相关，他们以诗酒风流、清谈雅集、田园隐逸以及山水登临等消遣闲情。闲暇孕育闲情，中国古代文人在以闲情为基调的生活中独有见地，给后人营造了一个美好的精神家园。

目录

序一　季羡林序（第一版"雅俗文化书系"序）

序二　新版"雅俗文化书系"序

前言　闲情是对生活的热爱

第一章　情之为情，何为闲情

第一节　我心本已闲——个人的闲情　3

闲情来自休闲文化/闲情的心灵感受

第二节　欢愁有闲情——闲情的类别　8

闲情的审美基础/奈何闲愁之情/流连光景之情/游戏消遣之情

第三节　清影照闲情——闲情的表现　19

生活处处有闲情/追求品质的生活闲情/细微之处见闲情

第二章　文人闲情的表现方式

第一节　高韵寄闲情——诗词歌赋　29

闲情推动诗歌创作/文人的创作趣事/宋词中的闲情表达/闲说歌诗曲赋

第二节　尽日话闲情——清谈雅集　40
古人的雅集传统/魏晋文人的清谈之趣/《兰亭集序》与“奋掷麈尾”
第三节　尊酒赏闲情——把酒尽欢　51
何以解忧，唯有杜康/唐代文人的创作与酒/《滕王阁序》的写作
第四节　闲情在山水——隐逸风流　63
隐士的闲情追求/魏晋的隐逸之风/田园生活的闲情体验/隐逸与入仕

第三章　个人生活中的闲情
第一节　闲情寄丝竹——琴棋书画　79
四艺的发展/高山流水之音/对弈手谈之乐/浓墨重彩之意
第二节　夜雨剪春韭——饮食文化　91
食不厌精的饮食追求/文人的饮食故事/持蟹赏菊的雅趣/风雅的茶文化
第三节　闲情狎鱼鸟——花鸟虫鱼　102
欣赏花木之美/禽鸟与文人哲学/闲情逗虫鱼

第四章　闲情文化与文学
第一节　秦淮风月忆闲情——风花雪月之地的闲情　121
文学中的闲情之地/秦淮八艳的风流逸事/风景如画的西湖

第二节　一笔添出称闲情——写作之中的闲笔闲趣　133

消解闲情的创作心态/闲笔的运用

第三节　书写闲情易为好——闲情对文学创作的推动　142

抒写闲情的创作动力/小说的发展与娱乐性

第五章　闲情与其他艺术形式

第一节　薄妆小靥闲情素——服饰装扮　155

闲情与服饰文化的审美追求/自由多变的衣饰潮流

第二节　一亭聊复寄闲情——园林艺术　166

施法自然的园林艺术/皇家园林与私家园林

第三节　高情闲出任君弹——戏曲艺术　176

古代戏曲的流行与发展/元杂剧与明清传奇/缠绵悱恻《牡丹亭》

第一章

情之为情，何为闲情

第一节 我心本已闲
——个人的闲情

闲情来自休闲文化

闲情逸致是中国人特有的休闲文化，中华民族几千年的习俗和风气都透露出人们对闲暇时光的渴求与满足。文人雅士享受闲适生活时，追求雅趣，表现在字里行间的是一种满足和喜悦，一直被人们向往和模仿。从吟诗、读书、醉酒、品茶到清谈悠游；从读万卷书行万里路，到纵情山水回归田园；从崇尚琴、棋、书、画、金石、篆刻，到钟情花、鸟、虫、鱼、收藏古玩。这种闲适与闲情将文人申舒性灵、情好山水、不屑功名、抛弃世俗的洒脱性格表现到了极致。当然，不仅古代文人和现代知识分子有这种心理体验，当今社会，人们在工作之余的闲暇时光，也会追求多彩多姿的雅趣，寻找自我快慰的寄托。

东晋著名田园诗人陶渊明所作的《闲情赋》，将“闲情”进一步带入文人写作题材之中，也使得“闲情”一词更加为大众所了解。白居易为自己的诗歌编集时专门分出“闲适诗”一类，主要为描写个人感情的“吟玩性情”之作。“**老更谙时事，闲多见物情**”，闲情之所以为“闲”，正因为这种情感与家国大事往往并无关系，而是以闲情逸致为中心，更重视人作为生命个体存在的意义，而不与名利相关，在中国传统文化的熏陶下，闲情文化形成了平和淡然、超然物外的风格，因此容易引起人们的共鸣和向往。

“黄金难买一生闲”，在闲暇时光中，人们可以思考人生、排遣心绪，能够驻足欣赏自然或生活中的美，将情感寄托在这些美好的事物之上。这不仅是一种感情，更是一种生活态度。

闲情的主体是个人，因为“闲”代表了个人能够自由支配的时间。追求闲暇、享受闲暇、描述闲暇成为人们休闲生活的主体，闲情便悄悄地产生了。人们往往意识不到自己对闲情的追求，却下意识地已经这样做了。当人们在假期出门游玩，为沿途的一株野花、一粒野果驻足惊叹之时，闲情已经悄悄地在他们心中绽放。它超越了人最基本的生存需求，使得人们的情感更加丰富，生命更加完整。韩奕《柳梢青·梁溪道中》中有这样的句子：“柳暗花明，江村小路，微雨才晴。一个扁舟，尽容渔叟，到处闲情。”这种将情绪寄托在山水风景、日常娱乐，甚至文字之中的过程，就是闲情产生和保存的过程。

◎ 荡舟图

闲情文化本质上是人类精神文明的一种，对传统文化的形成和发展起到了不可忽视的作用。例如中国古代田园山水诗人将闲情寄托山水田园之上，置身自然之中欣赏原生万物，体会心灵的平静和安适，培养宁静淡泊的精神。他们在享受生活的同时创作了一大批性耽山水的诗文，为古代文学注入了新的活力。在审美休闲基础上发展的雕刻艺术、园林艺术、剪纸艺术等，都是在闲暇之余对美的追求，为艺术的丰富做出了极大贡献。

闲情的心灵感受

古代百姓不像文人士大夫那样有钱，平日生活所需都是自己辛苦劳动所得，没有或少有精力享受闲情，但这并不代表他们没有闲暇和娱乐。男子平日辛苦劳作，归家之后或小酌几杯，或三五好友打牌闲聊，都是很好的休闲方式。女子平日料理家务，哺育孩子，养鸡喂鸭，闲时与邻里家人聊天，与孩子玩乐，也都是休闲。

老百姓的悠闲生活虽然令他们乐在其中，但休闲只能是生活的一部分，而不可能成为生活的全部，否则就会失去生活来源，成为被人鄙视的游手好闲之人。《红楼梦》中的贾宝玉曾被薛宝钗戏谑为“富贵闲人”，只因宝玉从不知柴米油盐的琐事，完全无须为生活操心，更不关注经济仕途。他拥有大把时间和精力消遣游戏，写诗作赋，进行种种“不务正业”的行为。可见闲情需要一定的经济基础。只有当人们不需要为生存忙碌奔波之时，才能有闲暇时间进行娱乐消遣，抒发闲情。因此，在中国古代，文人士大夫更有条件追求和体会闲情。

有人认为，中国古代文人的闲情是脱离生活实际的，与一般人的生活并不相干。一些古代文人确实追求闲情到了比较极端的程度。他们消极遁世，远离世事，隐居在山林原野之中，饥餐渴饮，以此来追求内心的安宁。但是这种完全避世的态度是非常少见的。更多的是如陶渊明那样回归田园，回归自给自足的简单生活，以此远离朝堂官场之上的尔虞我诈和乌烟瘴气。

这种隐逸思想对中国文人影响深远，甚至可以说，每个中国人的内心深处，都有一个田园梦。但是这种对田园的追求一般只存在于人们的想象之中,而且经过人为的美化,很难实现。实际上,闲情的关键并不在于行动,而在于人的心境中是否存在这种情感。文人闲情之于官员,一般只是附庸风雅的方式;而对于百姓而言,也不过是生活的调剂。一般百姓绝不会因为向往风花雪月,而放弃辛勤劳作的踏实生活。对他们而言,着眼于目前生活,在诚实劳动的同时享受家庭温暖就是幸福的。“努力加餐饭”这句诗就是对古代老百姓闲情生活的贴切描写。

简单来说,一个人一生的活动主要由劳动与闲情两大部分组成。劳动能够创造财富,成为人们的生活来源。而闲情则使人艺术化地使用财富,享受生活。随着工作效率的提高,人们的劳动时间逐渐减少,因而获得了更多的闲暇时光,可见生产发展为闲暇提供了空间。而人们通过抒发自身闲情,更好地享受生活,则为生产的继续发展提供了动力与保证。这无疑是一种良性循环。只是无休止地劳动而不懂得享受生活的人,与无所事事游手好闲的懒散之人,分别走入了生活误区的两个极端,失去了作为人的乐趣和价值。所以,“闲情”并不是简单的懒散,而是一个人在自己的闲暇时间中,能够做平时想做却没有时间、心境做的事情,并且乐在其中。人生最美好的事情之一便是“偷得浮生半日闲”。闲情能够将人们从机械的、忙碌的事情中暂时解脱出来,回归怡然安宁的生活情

◎ 清明上河图(局部)

调，感悟生命的美好。

在当代社会中，由于封建社会的阶级观念和阶级划分已经被打破了，虽然贫富差距依然存在，但是社会各阶层的人都能够享受闲情。如今，闲情文化依然有雅俗之分，仍然包括文人闲情和大众闲情两个部分，但显然已没有古代那么明显的区别了。现在的文人也乐于享受世俗娱乐，百姓也拥有雅兴逸致，二者已逐渐融合。闲暇之时，有人愿意舞文弄墨，有人愿意面对锅碗瓢盆，有人愿意出行漫步，也有人愿意在室内读书。人们对于闲情的理解可能有所不同，这与他们各自的兴趣密不可分。虽然不是每个人的闲情都能被他人所认同和理解，但是人们在闲情活动中所获得的愉悦是一样的。

人们感受闲情的来源是自然和生活，例如养花种草、练字绘画、作诗写词等，最终形成闲情文化。闲情为原本乏味的人生带来色彩，它能够激发人的兴趣和潜能，在吟咏诗歌、游览山水或者精研美食上花费大量的时间，最后不仅仅能够获得个人价值的满足，还能为全人类的精神生活增添一抹亮色。古人闲情追求内心的满足，重视细腻的内在体会，而非强烈的感官刺激，这种闲情平和、内敛和独立，对今人影响至深。

闲情表现在人生态度上是一种自觉。人活着的意义是什么？这个问题已经有中外千百位哲学家探讨过，至今仍没有所谓权威的定论。闲情则如同生活的调味和颜料，让乏味平淡的生活更具味道和色彩。如严监生、葛朗台那样一生吝啬，以积攒财富为唯一的乐趣，虽然富裕又有何用？无论是精神上还是物质上他们并没有过上富足生活。而如陶渊明者，“不为五斗米折腰”，远离朝堂，远离自己厌恶的官场，过着“采菊东篱下，悠然见南山”的自在生活。虽然物质上并不富足，精神上的满足和快乐却无可比拟，成为无数后人效仿的楷模。

这两种人生态度不禁让人进一步思考人生的意义与价值,“从心所欲不逾矩”地过上理想的生活,才是人们追求的完美人生。

第二节 欢愁有闲情
——闲情的类别

闲情的审美基础

闲情是属于个人化情感,也是一种审美愉悦。每个人都有爱好,例如饮食、琴棋、书画、戏曲等,因为这些活动和事物能够给人们带来美好的享受。在人们享受愉悦的同时,也会自觉或不自觉地促进这些艺术的发展。每一个人的闲情都有不同的关注点和着眼点,有的侧重艺术,有的侧重观赏,有的侧重消遣。只要有闲暇时间,人们就可能产生闲情和闲情文化。作为一种文化现象,闲情遍布各个民族与阶层,虽然可能各有区别,但是从总体上来说,超越了基本的生存本能,并为人所刻意追求的情趣即可称为闲情。例如,不同国家有不同的饮食文化,而中国除了八大菜系,更以茶酒之道闻名遐迩。中国人对美食的追求已经形成丰富的饮食文化。这其中的种种情趣将在下文细说,此处不再赘述。

闲情的存在是普遍的,一般以审美为起点。人们从忙碌生活中抽出闲暇时间，去发现和欣赏自然、生活中的美，这种行为就是闲情推动的。闲情文化从某种程度上来说与审美文化非常接近，对美的渴望和追求造就了人们对生活、自然中各个小细节的欣赏。在古人诗文、随笔、小说，甚至传说之中，处处都有对美的追求和玩味。闲情主要以生命感悟为根本，也可能表现为欢欣愉悦，可能表现为哀愁孤寂，同时也不免受到自然和社会的影响，周密在《少年游》中写道："花外琴台，竹边棋墅，处处是闲情。"中国古代文人士大夫有各种消磨、利用闲暇时间的方式，吟诗、作画、抚琴、练字、读书、饮酒、美食、养花逗鸟及游山玩水等，不仅能够陶冶性情，更能培养自身才华。文人士大夫并不仅仅将这些活动视为简单的消遣，而是讲究技巧、情调、精致和美感。这对调节生活的忙碌与浮躁、修身养性具有非常积极的意义。

◎ 饮茶对弈图

奈何闲愁之情

闲情并不只是闲适悠然，还包含了多方面的情感。其中一种便是奈何闲愁之情。欧阳修有云："人生自是有情痴，此恨不关风与月”，一针见血地解释了情与愁的“闲”的特征。所谓闲愁，无关家国大事，也无关民族兴亡，而是来自个人遭遇、伤怀引起的情绪。著名词人贺铸在代表作《青玉案》中写下千古名句：“试问闲愁都几许，一川烟草，满城风絮，梅子黄时雨。”虽然烟草连天，风絮飞舞，梅雨连绵，让人感觉非常惆怅，但这几句意境悠远，十分具有美感。这首词说的是词人贺铸在路边偶遇一位女子，一见倾心，二人却只是萍水相逢，贺铸不可能追随佳人而去，只能“但目送、芳尘去”。这一纵即逝的相遇引发了词人满腔的闲愁，不知女子的人生是快乐还是孤寂，有无良人相伴？是否有人理解她的内心世界？于是词人的忧思伴随暮春的飞絮化作漫天细雨，用字字相思纪念这还未开始就已经结束的情感。这样的愁绪甚至与词人本人的生活无关，只是词人将自己的闲愁记录在案，留下美丽而带有淡淡哀伤的情境，让人欣赏，也让人轻叹。

◎ 花下抚琴图

闲愁的产生有很多原因，可能因为离别，可能因为季节变换，可能因为情感受挫，也可能只是人们正处在心情的低谷。常常感受到闲愁的人往往拥有敏感细腻的内心，或处在失意之中的人，连慷慨豪放的辛弃疾都发出过“闲愁最苦”的感叹。李清照以“一种相思，两处闲愁，此情无计可消除，才下眉头，却上心头”之句表达与丈夫分离的伤怀。少年夫妻两地分隔，浓情蜜意一时阻隔，虽然时日不长却分秒想念。相信这种感觉很多人深有体会，但是在李清照笔下，这种闲愁是节制而优雅的，非常内敛含蓄。

奈何闲愁之情虽然具有消极的一面，表达的却都是人之常情，很容易引起共鸣，因此在诗词之中描写闲愁的句子屡见不鲜。人生不如意十之八九，产生忧愁在所难免，曹植在《释愁文》中写道："愁之为物，惟恍惟惚，不召自来，推之弗往，寻之不知其际，握之不盈一掌。寂寂长夜，或群或党，来去无方，乱我精爽。"人生苦短又漫长，要经历无数的挫折坎坷，因此闲愁的产生根本不受人的控制。《红楼梦》中黛玉葬花，因见花朵凋零而心生感伤，可以说是无端而来的闲愁，却成为小说中最经典的凄美镜头之一。虽然愁绪总能引人共鸣，无比感人，即使只是个人的伤情，也无须陷入愁绪之中无法自拔。所谓"闲愁"，即使带有内心的浅浅忧伤，表现出来却是美丽而克制的，并非放任自己的情绪或一蹶不振。

◎ 黛玉葬花图

流连光景之情

另一种闲情则表现为流连光景之情。中国地大物博，尤其是在古代，很多地区尚未开发，环境没有受到污染和破坏，自然之美随处可见。自然养育了我们的祖先，也在人们心中种下酷爱山水风景的种子。而时间更是人们难以把握的，它飞速流逝，带走人的青春和生命，时间对待每一个人都非常公平，也不免让人们感慨万千。人们对时光易逝的感叹和自然风景的赞美从来没有停止过。

据东晋葛洪的《神仙传》记载，汉恒帝时，神仙王方平来到蔡经家中饮酒，不久仙女麻姑也来了。在席间交谈之中，麻姑提到自己自从接受天命成仙之后，已经亲眼见过三次东海变为桑田，现在蓬莱海水已经比以前浅了许多，难道又要变成陆地了吗？这便是“沧海桑田”的传说。仙人的不老不死，是人们的终极向往，沧海变成桑田，代表世间万物的变化流转。当时，自然、时间的力量对人们来说是无比神秘而伟大的。这虽然是传说，但足以见到古人的智慧、想象以及他们流连光景的情感。

中国人对时光的敏感可谓与生俱来。因为中国自古以农耕为主，天时地利人和之时，老百姓才能有好的收成和好的生活。因此人们非常关注天气、季节和物候变化，并形成了代代相传的历法经验和节气理论。春花秋果，春荣秋枯，就如同一个人的一生，自童年、少年、青年、中年，直至老年。这种“人生一世，草木一秋”的规律无可改变，“沉舟侧畔千帆过，病树前头万木春”的周期变化也让人感受到四时推移，生命流逝的伤感。“花无再开日，人无再少年”，因此中国古代文人常常抓住自己在日常生活体验中对时光和自然景物的感情，并将这种感情融入文学作品之中，写出感时伤怀之作，表达流连光景之情。冯延巳的《鹊踏枝》即是典型的流连光景、感怀闲情之作：

谁道闲情抛掷久，每到春来，惆怅还依旧。日日花前常病酒，敢辞镜里朱颜瘦。河畔青芜堤上柳，为问新愁，何事年年有？独立小桥风满袖，平林新月人归后。

此处的“闲情”乃是对时间已逝、物是人非的感叹之情。春天到来之时，百花齐放却在风雨之中迅速飘零，不断长出的新叶却引发词人莫名的惆怅。这种以伤春悲秋为主题的词极其常见，已经形成一大类。伤春悲秋的背后，是对生命无常的反思和叹喟。

苏东坡曾作《记承天寺夜游》，是对流连光景之情的最好注解。夜间月色入户，本来已经要解衣睡下的苏东坡见到此景欣欣然出门了。这样美好的月色自然要寻找一位知己共同欣赏，于是东坡来到承天寺找到了还未休息的友人张怀民。二人一起在承天寺的庭院中漫步，只见“庭下如积水空明，水中藻荇交横，盖竹柏影也”。这样如水般倾泻的月色清亮迷人，却只有如东坡、怀民这样为景色心动而流连光景之人才有幸欣赏：“何夜无月？何处无竹柏？但少闲人如吾两人者耳。”东坡此时被贬黄州，有职无权，十分清闲，所以自称“闲人”，虽有自嘲之意，但更多的是说自己是有闲情雅致欣赏美景之人。黄州时期东坡虽然仕途失意，却创作了大量杰出的诗文，取得了很高的文学成就，这与他积极培养和发展自身闲情密不可分。

游戏消遣之情

最为常见和为人所接受的闲情是游戏消遣之情。通俗地说就是悠游玩乐，有人喜好把玩古董，有人喜好阅读“闲书”，有人最爱弹琴作画，有人喜欢工夫茶。三五好友聚集一堂，或去野外漫步，或在室内饮酒言欢，或互相调侃取乐，都是游戏消遣的表现。古人虽然没有网络、电子游戏，却发明了无数玩乐的方式，虽然有的很有博弈性质，但其实更偏重娱乐。古代女子喜好“斗百草”，比较谁的花草更美，品种更奇特，有时还戴在头上展示。《红楼梦》中“呆香菱情解石榴裙”一节，就生动详细地描写了女子斗草的情形，众人斗草玩得兴起，各自攀比自己所采的花花草草，争论起来甚至滚成一团，可见她们游戏之时的全情投入。

◎ 斗草图（局部）

外面香菱、芳官、蕊官、藕官等四五个人，都在满园中顽了一回，大家采了些花草来兜着，坐在花草堆中斗草，这一个说：“我有观音柳。”那一个说：“我有罗汉松。”那一个又说：“我有君子竹。”这一个又说：“我有美人蕉。”这个又说：“我有星星翠。”那个又说：“我有月月红。”这个又说：“我有《牡丹亭》上的牡丹花。”那个又说：“我有《琵琶记》里的枇杷果。”众人没了，香菱便说：“我有夫妻蕙。”荳官说：“从没听见有个夫妻蕙。”香菱道：“一箭一花为兰，一箭数花为蕙。凡蕙有两枝，上下结花者为兄弟蕙，有并头结花者为夫妻蕙。我这枝并头的，怎么不是。”

古代最早开始流行的文字游戏是“射覆”，可供多人同时来玩。射覆来自古代《易经》学习者，他们为了提高和显示自己的占卜技能，覆者用容器或布覆盖某一个物件儿，射者通过占卜等途径猜测其中是什么东西。《汉书·东方朔传》曾有记载："上尝使诸数家射覆。"颜师古注曰："于覆器之下而置诸物，令暗射之，故云射覆。"由此可见，汉代时期皇宫中已经流行射覆游戏。射覆所藏之物大都是一些生活用品，如手巾、扇子、笔墨、盒罐等等。

南朝萧梁时代，一次宴会上，梁武帝萧衍叫尚书仆射沈约作覆让大家射。沈约就背着众人把一只老鼠装进一个匣子献了上去。当时是八月庚子日巳时，由梁武帝起卦，他先把自己占得的内容写好收起来，叫其他人都来射。除梁武帝在外，还有九个人参加射覆。大家都做出自己的判断并写在纸上后，沈约先读了梁武帝的占词，梁武帝猜匣子里是一只被捉住的死老鼠。再读另外八个人的射覆词，都没有射中。最后，沈约把闯公的占词打开，发现写的是四只老鼠。打开匣子一看，却是一只活老鼠。因为梁武帝射为一只死鼠，大臣们觉得失了他的面子，就责问闯公说："你不是说有四只老鼠吗？为什么只有一只呢？"闯公说："剖开它的肚子就知道了！"但是梁武帝一生笃信佛教，更曾三次出家，自然不愿干这等杀生之事，事情就只能暂告一段落。只能等到老鼠死后，剖起老鼠肚子一看，正怀着三只小老鼠，可见闯公的答案其实是丝毫不错的。

射覆这种游戏，看起来好像是猜谜，其实它不是猜出来的，而是用易经占卦占出来的。《西游记》中唐僧三人行至车迟国，与鹿力、虎力、羊力三位"大仙"斗法，把东西放进柜子里让人猜，就是射覆的一种。只不过孙悟空不懂易经，而是斗法获胜，倒是不如古代占卜猜物让人觉得神秘。

《红楼梦》中宝玉过生日，宴饮时做游戏大家抽中了"射覆"游戏，却不太受欢迎。原因就是射覆很难，需要以诗词文章俗语中的句子作为射覆内容,对于没什么学问的丫头们自然没什么吸引力。只有比较有学问的人才能对射覆游戏得心应手,心领神会。

(众人拈阄儿拈出了"射覆"游戏)宝钗笑道:"把个酒令的祖宗拈出来,射覆从古就有的,如今失了传,这是后人纂的,比一切的令都难。"……

宝琴一掷,是个三,岫烟、宝玉皆掷的不对,直到香菱方掷了个三。宝琴笑道:"只好室内生春,若说到外头去,可太没头绪了。"探春道:"自然。三次不中者罚一杯。你覆,他射。"宝琴想了一想,说了个"老"字。香菱原生于这令,一时想不到,满室满席都不见有与"老"字相连的成语。湘云先听了便也乱看,忽见门斗上贴着"红香圃"三个,便知宝琴覆的是"吾不如老圃"的"圃"字。见香菱射不着,众人击鼓又催,便悄悄的拉香菱教他说"药"字。

下则宝钗和探春对了点子。探春便覆了一个"人"字。宝钗笑道:"这个'人'字泛的很。"探春笑道:"添一字,两覆一射也不泛了。"说着,便又说了一个"窗"字。宝钗一想,因见席上有鸡,便射着他是用"鸡窗""鸡人"二典了,因射了一个"埘"字。探春知他射着,用了"鸡栖于埘"的典,二人一笑,各饮一口门杯。

《红楼梦》中对古人的闲情游戏进行了很多细致的描写,如联句作诗、占花名儿、雪地烧烤、饮酒行令等,非常具有士大夫家庭的生活情趣,也反映了当时富贵之家普遍的游戏逍遥之乐。

我国历史悠久,不同朝代往往会流行不同的游戏。春秋战国时期士大夫宴饮之时好玩投壶,就是将箭投入壶中,但很讲究礼仪。《礼记·投壶》说:"投壶者,主人与客燕饮讲论才艺之礼也。”两晋时期士大夫流行“曲水流觞”，这是从古代上巳节衍生的习俗。从汉代开始，政府规定夏历三月的第一个巳日为上巳节，人们在这一天沐浴除垢，驱除不祥。大家坐在水渠或小河边，将酒杯从上游漂浮在河面上，酒杯漂到谁的面前，谁就要作一首诗，如果作不出就要饮酒，非常风雅。

◎ 投壶

唐人好打马球，连皇室也热衷于这种强身健体的运动，现在故宫博物院还藏有辽代陈及之绘制的《便桥会盟图》，图中描绘了唐太宗李世民与突厥颉利可汗在长安西渭水便桥会盟之时的一场马球比赛，场面非常激烈。春秋时期就出现的蹴鞠游戏在宋代最为繁荣，宋徽宗赵佶就是一个超级蹴鞠迷，当时的球场上常常出现“球不离足，足不离球，华庭观赏，万人瞻仰”的盛况。除此之外，古代还流行很多博弈类游戏，如双陆等棋类游戏，掷卢（类似掷骰子）等投掷类游戏。

◎ 仕女打马球

北宋文学家王安石，博学多才，不但能诗善文，而且还是创作谜语的高手。关于他的猜谜故事，至今还为人们津津乐道。王安石与好友王吉甫，两人经常在一起琢磨诗文。一日，他们在书房兴致勃勃地猜起了谜语。王安石说：“画时圆，写时方，冬时短，夏时长。”王吉甫沉思了一会儿就猜到了答案，但是他并不直接说出谜底，也吟起诗来：“东海有条鱼，无头也无尾，更除脊梁骨。”两人的谜底都是“日”，说得王安石连声叫好。

苏轼好友秦少游也是喜爱猜谜的行家。传说有一天，秦少游和苏氏兄妹在一起闲谈，忽听远处传来一阵木匠锯木和斫木的声音，不由得触动了他的“谜兴”，便对东坡兄妹说道：“我有一间房，半间租给转轮王，有时射出一线光，天下邪魔不敢当。”苏小妹想了一下，也用一条谜语回复说：“我有一只船，一人摇橹一人牵，去时拉纤去，归时摇橹还。”苏东坡听罢，笑着说：“你们两位一个有房，一个有船，愚兄寒酸了。我有一张琴，一根琴弦腹中藏，为君马上弹，弹尽天下曲。”说完，三人同时大笑起来，原来三人的谜是一个谜底：墨斗。

对于身在官场的文人士大夫来说，假期之日便是他们集体悠游、抒发闲情之时。早在汉代就有例行休假的制度，给官员们提供休闲玩乐的时间，称为“休沐”。规定每办公五天，官员们可以休息一天。到唐代改成了十天一休，称为“旬休”，并且一直延续到宋代“十旬休假，胜友如云”。元代有十六个法定节假日，明清时期除了法定的节假日，还多了长达一个月左右的春节和冬假。虽然各个朝代官员的休假长短不一，但是随着经济的发展，官员们的休闲生活愈加丰富，质量和品味也得到了一定的提高，正所谓宋代词人曹冠在《江神子·南园》描写休闲游乐之景：“飞盖南园，游赏赋闲情”。文人结伴悠游，欣赏风景，吟咏“闲情”，收获闲趣，为闲情文化添上了浓墨重彩的一笔。

第三节 清影照闲情
——闲情的表现

生活处处有闲情

闲情分三种，第一种是面对自然的审美，人通过对动植物、风景等的欣赏而达到与自然的和谐，中国古代所追求的"天人合一"正是对自然认知的最高境界。在这种情况下，人们容易将自身情感与自然景物相结合，从而达到"感时花溅泪，恨别鸟惊心"的效果。当然，自然之美需要用美好的心境去欣赏。

有人说古人已经把汉语用到极致了，现代人重温古人观赏美景的心情之时，想到的也多是古人曾经说过的话。当人们登临山顶，俯瞰众生之时，总会有"一览众山小"的豪气；当人们置身一叶扁舟漂流在大海中时，总会有"海纳百川，有容乃大"之感；当人们走进辽阔的草原时，脑中会禁不住浮现"天苍苍，野茫茫，风吹草低见牛羊"的句子。自然的魅力让有心人学会品味和感悟，当人将心神投入其中时，就会发现万物皆有生命，一草一木都含情脉脉。古人不像现代人会面临那么多诱惑，也没有那么浮躁的心态，他们更愿意也更有闲情和资源感悟自然。世间生物皆符合自然规律，春夏秋冬、阴晴圆缺、悲欢离合乃至生老病死，都是自然规则，既引发人的思考，也触动人的闲情。

第二种是人在社会生活中的体会感知。对于个人来说，由生活中遇到的某人某事引发心绪，进而抒发闲情是非常自然的行为。平时见到街边甜蜜的情侣，人们会感慨爱情；看到喧闹的孩子们，会回想自己的童年；遇到白发苍苍的老人，会想象自己年老之时的相貌……平日生活中遇到的人、事、物，都可能触发人们的联想和思考。在以人为主体构成的社会中，人与人的交流和沟通是必然的。不同的人群形成各种集体，组成社会，同一集体中的人所拥有的闲情往往也会具有共同的特点。就拿中国的地域特征与人物性格来说，北方人比较豪爽大方，南方人比较细腻温柔；江浙人饮食清淡，四川人喜好麻辣；山西人热爱面食，东北人离不开米饭……中国的地域状况复杂，人口构成也比较多样，在丰富的社会环境中培养的闲情也是非常多样的。

第三种则是个人的内心世界，这是非常个人和隐私的情感体会。这种感受的过程不仅能够帮助人们进一步认识他人，也能够加强对自身的认识。各种景物、事件，甚至语言都能够成为人们借以叙说自己丰富内心的寄托，而“寄托”也是抒发闲情的重要方式之一。每个人都有属于自己的情感，爱家之人将感情放在家庭，爱书之人将感情寄托在书里，爱写作之人将感情流露在字里行间。人们将情感寄托在自己重视的人、事、物之中，由此获得心灵的充实和满足。一旦失去情感寄托的对象，生命就会变得空洞和失落。闲情也是一样。

古代士族家庭的女子在年老无事之时，往往将闲情投入在念诵佛经、阅读佛书之中，以此保持心态的平静，探索生命的真谛。宋代名士林逋独自隐居在杭州，以植梅养鹤自娱。

传说他无妻无子孑然一身，将所有的闲情都寄托在与自己相伴的梅树、仙鹤身上，因此人称“梅妻鹤子”。在这样的闲情推动下，他写出了“疏影横斜水清浅，暗香浮动月黄昏”的咏梅经典。

◎ 梅妻鹤子图

自古至今，人们在自我意识的支配下，感悟着由自然和社会所生的闲情，这种情感与中国文化进行碰撞之后，通过文人的笔触，产生了一系列文学作品，形成了一种文化传统，从而构成了整个闲情文化。

追求品质的生活闲情

闲情在生活实践中大致有两种表现，一种表现是人们对生活品质要求的提高，不仅表现在物质上，更与人们的精神追求相关。当基本的生存需要得到满足之后，人们在有限的闲暇时间和金钱允许范围之内，往往倾向于追求更精致舒适的生活。中国传统文化中对追求生活享受是肯定的，孔子曾云：“食不厌精，脍不厌细。”这种对高品质生活的追求不仅在于饮食，而是遍布生活的方方面面，已经表现为生活态度，更是一种审美取向。

就说古人日常生活中的熏香一事。古人特别是贵族阶级，对自己以及周围环境的气味非常重视，都很讲究在衣被上进行熏香。古代具体制作香的过程非常复杂，追求焚香时没有烟尘而香味悠远。因此，制作香炉以及焚香的步骤也非常考究。古人尤其女子喜欢将衣服放在熏笼上，让衣服慢慢被香气浸润。她们在熏笼下放上热水，等到衣服微微受潮之后，撤去热水点上熏炉，开始熏香。所谓"**藕丝衫子柳花裙，空着沉香慢火熏**"就描写了熏衣的画面。古人就寝时使用的卧具也要熏香，使它们散发怡人的香气。所以又有专门放在床上的薰笼，而"**红颜未老恩先断，斜倚薰笼坐到明**"的意象即从此而来。

◎ 金丝熏笼

从流传至今的古人的生活实用器皿上，也可以看出他们对精致生活的追求。在原始社会，人们用黏土烧制陶器作为生活器皿；渐渐地，陶器上有了淡淡的色彩和原生态图案；再继续发展，瓷器出现了。瓷器对陶器的提升，不仅仅在使用上，更重要的是在美观上。瓷器丰富的色彩、光洁的外形比陶器更具美感。随着时间的流逝，技术越来越进步，瓷器由原始的青瓷发展出白瓷、黑瓷、秘色瓷、青花瓷等。这时候瓷器的作用已不仅仅是供人使用的器皿，而成为美丽的装饰、珍贵的古玩以及收藏的对象。如果古人仅仅满足于使用粗制的陶器，不将闲情投入在制造更精美的瓷器上，虽然也能满足日常生活的需求，但是今天人们就不会看到那些美丽的器具，中国也就不会有如此灿烂的瓷器文化了。一代代劳动人民为了提高生活质量，将智慧与闲情投入生产实践、发明创造之中，从而产生了今天的灿烂文明。

◎ 青花瓷

这种对高品质生活的追求不仅体现在物质上，更体现在精神上。《牡丹亭》中的杜丽娘自小居住在深闺之中，衣食华贵，按理说应该无忧无虑。但在一次“游园”之后，她被满园春色引发了一腔闲情春愁，对自由和幸福的爱情充满了向往。杜丽娘在梦中与书生柳梦梅相会、相爱，之后因情而死，却又因情复生，最终与柳梦梅在人间结为夫妇，完成了对爱情的追求。杜丽娘这种对爱情的向往，对自然生命的赞美之情是天生的，并不因外力而消失。她虽然受到封建伦理的束缚和家长的长期严格看管，却仍然拥有强烈的思春闲情，而且最终完成了心愿，获得了爱情，得到了精神上的满足。

◎ 牡丹亭

这样的例子在文学作品中屡见不鲜,也投射出当时人们追求心灵充实的愿望,以及为精神满足做出的努力。除了追求爱情,古代文人为了自己的田园理想与心灵纯净,甚至愿意放弃官员的优渥生活,而主动归隐,在自然中寻求生命的真谛,其中最著名的有介子推、范蠡、陶渊明等。他们的行为也为后人树立了“不为五斗米折腰”的精神典范。

细微之处见闲情

人们倾向于接近和观察生活中自己喜欢的事物,闲情的指向使得生活中的细枝末节也能够被人们观察到,还常常被有心人写进文章。清代文人李渔的著名文集《闲情偶寄》的主要内容就是研究生活乐趣,对中国人生活中的方方面面进行观察,成了生活艺术的指南。其中包括居住环境、室内装饰、庭院整修、女子美容、烹调等,甚至还有富人、穷人的种种行乐之法。李渔用“偶寄”这种比较散漫洒脱的方式,将自己观察和总结的休闲生活的情趣记录下来,力求将生活艺术化,同时将艺术生活化。李渔对生活观察的细致和深入达到惊人的程度,此处列举李渔写“谈”的一段话来看他对与人交谈的认识:

读书,最乐之事,而懒人常以为苦;清闲,最乐之事,而有人病其寂寞。就乐去苦,避寂寞而享安闲,莫若与高士盘桓,文人讲论。何也?“与君一席话,胜读十年书。”既受一夕之乐,又省十年之苦,便宜不亦多乎?“因过竹院逢僧话,又得浮生半日闲。”既得半日之闲,又免多时之寂,快乐可胜道乎?善养生者,不可不交有道之士;而有道之士,多有不善谈者。有道而善谈者,人生希觏,是当时就口招,以备开聋启聩之用者也。既云我能挥麈，无假于人，亦须借朋侪起发，岂能若西域之钟，不叩自鸣者哉？

这段话说的是读书虽然辛苦，清闲虽然寂寞，但只要与高士文人谈论就能够消除这种辛苦寂寞。在生活中与品德高尚、学识渊博的人交流，才能进一步学习和认知自然生活。同时在清闲之时，不要无所事事，可以与好友交流谈心，这样既能享受清闲，又能免于寂寞。

对于有心人来说，只要拥有闲情，就能化俗为雅，当然，这种境界并非人人都能达到。苏东坡一生豁达，面对生活坎坷总能泰然处之。晚年时东坡被贬海南，虽然今日的海南已经是个旅游胜地，但是在一千年前还是个荒凉落后的小岛。一日东坡与友人饮酒，沉醉不知归路，于是向当地人问路："半醒半醉问诸黎，竹刺藤梢步步迷。但寻牛屎觅归路，家在牛栏西复西。"幸好有牛屎指引方向，否则一代才子竟无法寻到回家的路，如此可见，牛屎功劳之大。东坡将牛屎这种俗物写入诗中，可谓古往今来唯一之人了，而且诗句化俗为雅，可见诗人胸中的潇洒、旷达。因此只要自己心中有闲情，就能将生活中、自然中的各种事物化腐朽为神奇，从而在寻常中生活品出不寻常的美。

沈复在《闲情记趣》中详细记录了与妻子陈芸研究插花艺术的轶事，虽然看似只是日常生活小事，却充满情趣和温馨。

余闲居，案头瓶花不绝。芸曰："子之插花能备风晴雨露，可谓精妙入神。而画中有草虫一法，盍仿而效之。"余曰；"虫踯躅不受制，焉能仿效？"芸曰："有一法，恐作俑罪过耳。"余曰："试言之。"曰："虫死色不变，觅螳螂蝉蝶之属，以针刺死，用细丝扣虫项系花草间，整其足，或抱梗，或踏叶，宛然如生，不亦善乎?”余喜,如其法行之,见者无不称绝。求之闺中,今恐未必有此会心者矣。

沈复闲居在家,常在书桌上摆放鲜花,妻子陈芸就提出了自己对插花的认识,认为如果能像画儿一样,将草虫也放入瓶花之中,岂不更加生动有趣?但是活的虫儿动弹不停,无法固定。正当沈复觉得这种方式不妥之时,陈芸提出可以将虫子制成标本,摆好造型固定在花间。沈复得此妙计,小试一番之后,果然大受好评。这其实是生活中极小的事儿,沈复专门记录下来不仅为了赞美妻子的慧心,还表现了他们二人对生活细节的关注和追求。闲情让人关心生活细节和生活品质,并通过人们的实践让生活更加精致美好。

第二章

文人闲情的表现方式

第一节 高韵寄闲情
——诗词歌赋

闲情推动诗歌创作

中国闲情文化的内涵在于追求物质生活与精神生活的满足,在形式上的表现多种多样。诗词歌赋、清谈雅集、香茶药酒、游览山水等活动在中国可谓源远流长,士大夫为了抒发闲情所创造的这些活动,一般人也会效仿,受到各类人群的喜好和欢迎,成为闲情文化中最具表现力和特点的一部分。中国人尤其是文人士大夫特有的精神、气质、追求和癖好,在这些高雅的文化活动中被发挥得淋漓尽致。

大家都知道中国古典文学中成就最大的就是诗歌,那么到底诗歌是如何起源的呢?第一首诗的作者是谁呢?这些问题的答案已经淹没在历史的长河中了。现在只有学者们推测出的几种说法,有的说产生于祭祀,有的说产生于娱乐,影响最大的论断,是产生于劳动。鲁迅先生曾在书中说道,先民们抬木头抬累了,有人叫道:“杭唷杭唷!”这就是最早的诗歌创作。

虽然这种“杭唷杭唷”的理论看似很奇特,但是有一点是确定的:由于诗歌是表达情感的,在文字还没有产生的时候,先民们出于抒发情感的需要，已经有了最初的“作诗”行为，之后文字产生了，才有人将比劳动号子更复杂的词句记录下来，于是有了诗。学者通过对“诗”这个字的字形结构和语义进行考察，发现“诗”就是“志”，志又有三个意义，分别是记忆、记录和怀抱。因此，“诗”最初的含义，就是人们把心中的情感记录下来，方便记忆。

随着诗的形式的不断发展，从四言到五言，五言到七言，能够表达的情感越来越丰富，形式也相对“俗”化，诗人们不仅仅赋诗言志，还用诗来表达个人感情。晋代陆机的《文赋》中说：“诗缘情而绮靡。”通过陆机的定义可以看出，作诗应该跟随“情”的表达，同时应该富于文采。这种定义大大扩展了诗歌创作的道路，也大大延长了诗歌的艺术生命。从此以后，由闲情所引起的吟咏山水、描写人生、歌颂景物等情绪和体悟，都可以通过诗歌进行表达，这类作品也成了诗人们消散闲情的产物。同时，“吟诗言志”始终贯穿于诗歌创作之中，唐代进士科的“以诗取士”，使得诗赋成为科举考试的主要内容，进一步推动了诗歌形式的正统。“言志”与“缘情”成为诗歌写作的两种派别，前者重视诗歌的教化作用，后者强调诗歌的抒情特点。

除了体式格律严谨的诗歌之外，汉魏六朝文人还创制了不少杂体诗，这些诗将字形、句法、声律和押韵方式进行特殊变化，成为很有趣味的作品，而且大多以文字游戏为形式，表现了文人在诗歌写作方面的巧思和趣味。其中人们最为熟悉的一种就是藏头诗，藏头诗一般是指一首诗的每一句开头有意使用一个特殊的字，每一句的首字相连，可以表现特殊的含意，但不影响整首诗的意义。写得好的藏头诗意蕴悠长，形式特别有趣，读来妙趣横生。藏头诗中的“藏”才是主题，同时要求诗本身意境优美，足以让人首先关注诗本身，当“藏”的内容被点破时，读者才会对藏头诗的奥妙恍然大悟。

文人士大夫中有不少藏头诗高手，传说明朝著名的文人徐文长游西湖时，就做了一首七绝：“平湖一色万顷秋，湖光渺渺水长流，秋月圆圆时间少，月好四时最宜秋。”这首诗中藏了“平湖秋月”四个字，也是对西湖景色的贴切描述。《水浒传》中梁山泊为了拉拢卢俊义入伙。宋江和吴用想出了著名的“智取玉麒麟”的办法。吴用假扮道士为卢俊义占卜，利用卢俊义躲避“血光之灾”的心理，在卢家墙上提下“芦花丛中一扁舟，俊杰俄从此地游。义士若能知此理，反躬难逃可无忧。”这四句诗暗藏“卢俊义反”四个字，成了官府治罪卢俊义的重要证据。

打油诗是一种更富有趣味性的诗体，相传是由唐代诗人张打油首创的诗体，用词通俗易懂，诙谐幽默，雅俗共赏。比较著名的打油诗是传说中张打油写的《咏雪》：“江上一笼统，井上黑窟窿。黄狗身上白，白狗身上肿。”虽然是咏雪，但是通篇没有一个“雪”字，却将大雪后的景色写得质朴纯粹。此诗小巧有趣，为人叫绝。打油诗对平仄韵律的要求并不严格，易于创作和记忆，受到广大人民群众的广泛接受。

明代著名诗人唐伯虎生性孤傲，虽然他文才出众，却作了一首打油诗挂在自己书房里表明心志：“不炼金丹不坐禅，桃花庵里酒中仙。闲来写幅青山卖，不使人间造孽钱。”无独有偶，清代大文豪郑板桥也有一首类似的自勉诗：“咬定青山不放松，立根原在破岩中。千磨万击还坚劲，任尔东南西北风。”

近代文人胡适的《尝试集》收录了他为使用白话的新诗。这些诗的形式偏向古代诗歌，语句使用的白话文，更接近打油诗，却比打油诗多出一分创新，既是胡适在推广白话文方面的

尝试,也是文人闲情的体现。如《蝴蝶》一诗:

两个黄蝴蝶,双双飞上天。不知为什么,一个忽飞还。
剩下那一个,孤单怪可怜。也无心上天,天上太孤单。

这首诗明白如话,读来很老实甚至有点笨拙,虽然从艺术和思想上,都没有太多可以发掘之处,但是作为白话诗的首次尝试,这种诚实的风格却是值得提倡的。胡适还有一首艺术性更高也更加广为流传的诗,名为《希望》:

我从山中来,带着兰花草。种在小园中,希望花开早。
一日看三回,看得花时过。兰花却依然,苞也无一个。
转眼秋天到,移兰入暖房。朝朝频顾惜,夜夜不相忘。
期待春花开,能将夙愿偿, 满庭花簇簇,添得许多香。

胡适写这首诗的灵感来自1921年夏天,他在西山时朋友熊秉三夫妇送给他一盆兰花草。胡适将兰花草带回家后精心照看,但是一直都没有开出花儿来,于是胡适触景生情而作此诗。这首《兰花草》流传甚广,还被谱成了歌曲。诗的清新质朴与文人的殷殷期盼跃然纸上,朗朗上口之余,又有丝丝闲情不得消的惆怅。

除了创新的有趣诗体,文人们还常常组织诗社,为了吟咏闲情、交流意见而定期集会作诗。文人士大夫家庭中能够吟诗作对的女子也常常组成诗社,享受与姐妹妯娌相处的时光。《红楼梦》中对诗社进行了非常有趣而详细的描写。

初秋季节,探春提议大观园中有文采的姐妹们组成诗社,以吟咏作诗的方式显示闺阁女子的文才不让须眉。第一次诗社集会时大家将诗社命名为“海棠社”,因为作诗所咏之物为白海棠。而诸位女子在诗社中也不再用自己的本名,而是以“诗翁”自居,以各自居住的庭院名为根据起了别号。如贾宝玉是怡红公子,林黛玉是潇湘妃子,薛宝钗是蘅芜君,李纨是稻香老农，贾迎春是菱洲，贾探春是蕉下客，贾惜春是藕榭，史湘云是枕霞旧友。几人后来咏菊花，咏螃蟹，联句赏雪等，构成《红楼梦》中最具有艺术和趣味的内容，也让读者一窥贵族家庭中女子诗社的活动详情和文人趣味。

文人的创作趣事

古代民间流传着许多文人作诗的传说故事，并且为人所津津乐道。传说明代四大才子之一的祝枝山曾在广东兴宁做知府，想要修建文庙，共需银子一千五百两。但是缺乏经费，只有一百五十两银子可用，连零头都不够。正为筹款为难之时，当地财主许久卿拿来一幅《寒江独钓图》，邀请祝枝山题诗。这幅图是许久卿请人为自己画的得意之作，以显示自己的风流才气。祝枝山看着图画，吟玩少许，提出请许久卿捐六百两白银来修文庙，土财主为了才子墨宝便爽快答应了。于是祝枝山挥毫在画上写道：“试问老翁何许人，披蓑垂钓到江滨。”

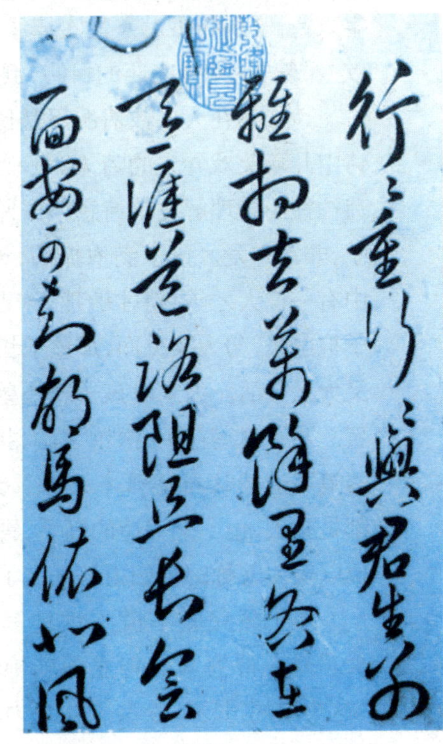

◎ 祝枝山真迹

然后祝枝山又写了一个“龟”字，谁知写完之后迟迟不落笔续写。许久卿急了，忙问原因，祝枝山说："本不欲跟你开玩笑，无奈已写下一'龟'字，给我三百两，当为你续成此诗。"许久卿只好答应。于是祝枝山含笑写下："龟蒙昔有天随艇。"这是将图中的钓翁比作唐代名士陆龟蒙，许久卿刚松了口气，谁知祝枝山又写下"君是龟"三字，许久卿气急败坏，连问："银子已经给你，为何还如此戏弄我？"祝枝山回答说："修文庙还差四百两银子，我为了筹款发愁，哪有文思可用！"许久卿只好忍痛答应补足银子，于是祝枝山大笔一挥，写下："君是龟蒙身后身。"将许久卿比作陆龟蒙转世，乐得他眉开眼笑。祝枝山这首诗虽然写得并不太好，却迎合了财主的愿望和性格，巧妙运用"龟"字入诗，既恫吓了对方又吹捧了对方，使他不得不就范，以诗歌"雅骗"达到修文庙的目的，倒是值得肯定的。

诗虽然在大多数情况下是比较严肃的，但也不乏喜欢在诗中开玩笑戏弄人的诗人。一首诗就是一个整体，单看一句诗往往不能理解整首诗意。据说一个官宦之家新生了一个儿子，非常宠爱。孩子满岁抓周，请来许多文人，摆宴庆贺。其中有一位大才子，诗才敏捷，诙谐幽默，名气很大。主妇把儿子抱出来，与大家见面，那孩子长得实在可爱，虎头虎脑，眼睛又大又灵活。大家对孩子赞不绝口，都提出让大才子写诗祝贺。才子索笔在手，探饱了墨，抬头看了看抱着孩子的主妇，落笔写道："这个婆娘不是人"，然后又去砚中探墨。在座的都是文人，也不乏写诗的高手，看了这一句，人人脸上变色，那位以美貌著称的主妇更是涨红了脸。

才子探完墨不慌不忙地写出第二句："九天仙女下凡尘。"众人看到第二句立即转惊为喜。接着四周一片赞叹："这个案翻得巧！没有千钧之力断难如此轻松地挽回！真可谓惊天笔力！"那位主妇也立即阴转晴，露出灿烂的笑容。接着第三句,才子写道:“生个儿子要做贼”,说人家的孩子做贼也是大大的不敬,可是有了前面的经验,谁也不再紧张了。只是怎么也想不出他下边如何再次急转而回。“窃得蟠桃奉至亲。”他终于写出了第四句。这分明将孩子比喻成敢窃王母娘娘蟠桃的英雄,不仅本领高强而且非常孝顺。这样的诗当然让东道主高兴无比了。

这首诗文字粗糙,在民间流传很广,似乎不是文人所写。但不管这段趣闻从何而来,它的构思都是很巧妙的,先抑后扬,让人惊奇。一句孤立起来看是大贬,是谩骂;两句放在一起则变为大褒,是称颂;四句看完闲情文心尽显。看来写诗为文之时,也需要闲情闲趣才能编出这样一个充满智趣的玩笑。

宋词中的闲情表达

文人在表达闲情的时候更倾向使用“词”这种文体。词在唐代形成,到宋代发展到顶峰。在古代词主要是用来演唱的,具有很强的音乐性和娱乐价值。民间以演唱为生的优伶乐师根据唱词和音乐节拍的需要,改编或创作出的歌词就是最早的词了。民间产生的词比文人作词要早得多,早期的词多为爱情、相思题材,并不属于能登大雅之堂的文体。但是由于诗词之间并没有严格的界限,所以诗人们也逐渐在民间词的启发之下,开始尝试作长短句,而且文人的文学素养使得词的艺术水平达到了新的高度。

词的语句长短不一,错落有致,特别便于抒情,加之可以配乐演唱,题材上和形式上也较少受到礼教的约束,因此文人常常用词来表达自己的感情。宋代文豪欧阳修的诗和词就完全是两种风格。他的诗受到韩愈“以文为诗”理论影响,喜好议论说理。如《食糟民》中的“官沽味醲村酒薄，日饮官酒诚可乐。不见甲中种糯人，釜无糜粥度冬春”，主要反映民生的悲苦，揭露社会黑暗。但是欧阳修在作词时又完全是另一种风格了，主要抒发男女之间的倾慕之情、伤感别离之情等个人的闲适情绪。例如他的《蝶恋花》一词：

庭院深深深几许，杨柳堆烟，帘幕无重数。玉勒雕鞍游冶处，楼高不见章台路。雨横风狂三月暮，门掩黄昏，无计留春住。泪眼问花花不语，乱红飞过秋千去。

这首词写的是闺中少妇深闺寂寞，重重阻隔，见不到想见的人，从而生出的伤春之情。在这种幽深的环境之中，女子的身心都受到压抑和禁锢。而且时光流逝，美人迟暮，难免被抛弃而沦落的命运，更令人无限感伤。词人仿佛身临其境般体会女子思绪，表达生活不自由的贵族少妇那种难以为外人道的心痛与伤感。这种愁思对于男子来说是很难想象的，欧阳修却将其把握得细微而淋漓尽致，这也是词人闲情的另一种表达吧！

说到闲情之词，不得不提的是南唐词人冯延巳的《蝶恋花》：

谁道闲情抛弃久？每到春来，惆怅还依旧。日日花前常病酒，不辞镜里朱颜瘦。河畔青芜堤上柳，为问新愁，何事年年有？独立小桥风满袖，平林新月人归后。

这首词并没有写什么具体的事儿，只是抒发一种寂寞惆怅的情绪，这种类似离愁、怀人、伤春的情绪正是作者第一句中提到的“闲情”。以为这种自寻烦恼的苦闷已经被“抛弃久”了，但其实时间越久，越难以摆脱。为什么“闲情”无法被抛弃呢？“每到春来，惆怅还依旧。”春天万物复苏，生机勃勃，却也是花落残红、生命易逝的季节，更容易引起伤感和失落。文人本来多愁善感，一切景语皆情语，这种对“愁”与闲情产生的描述与抒发，在安排上独具匠心，大大增强了词的艺术表现力，也体现了“闲情”作为文人灵感来源的重要性。

宋代文人柳永出身于官宦家庭，自幼以读书科举作为人生第一要务。但是柳永虽然词写得很好，考试的运气却不怎么样，屡屡落榜。自负才情而又满腔牢骚无法发泄的柳永于是写了一首《鹤冲天》：

黄金榜上，偶失龙头望。明代暂遗贤，如何向？未遂风云便，争不恣狂荡？何须论得丧。才子词人，自是白衣卿相。

烟花巷陌，依约丹青屏障。幸有意中人，堪寻访。且恁偎红倚翠，风流事，平生畅。青春都一晌。忍把浮名，换了浅斟低唱。

这首词虽然看似激愤，其实只是读书人发泄科举失败的牢骚心理：考不上进士，做不了官，又有什么关系呢？只要有才能，就跟不穿朝服的官员一样，那些虚无的名声又有什么用呢？倒不如将虚名换成唱歌作诗的生活。虽然只是几句牢骚话，但是柳永的才名太大，“白衣卿相”之词已经广为流传，连西夏国的人都说，有人居住，有井水的地方就有人唱柳三变的词。宋仁宗也读到了这首词，却为其中的句子大为恼火。当柳永好不容易再次考中科举时，宋仁宗看到他的名字，想到这首词，就说：“且去浅斟低唱，何要浮名！”彻底断了柳永的科举之路。柳永从此自嘲为“奉旨填词”，流连在烟花之地，体验下层女子的情感和生活，创作了大量优美的词，成为成就极高的大词人。

闲说歌诗曲赋

在前面说到诗词的时候，就已经谈到了“歌”，其实“诗”和“歌”是并存的，早期的诗都是可以唱的，比如《诗经》中的每一首诗，都曾有音乐配合。直到后来，诗慢慢演化成文人的案头作品，脱离了原有的音乐性。

早在秦代就设立了一种专门的音乐机构，主要是搜集民间流行的乐歌，也有演唱和创作的任务，这个部门就是乐府。乐府在汉代的时候达到鼎盛，也成就了很多流行的乐歌。汉高祖刘邦就曾高歌一曲，至今仍广为人知：“大风起兮云风扬，威加海内兮归故乡，安得勇士兮守四方？”有些学者认为，这就是汉乐府的起源。无独有偶，霸王项羽临终的悲壮一曲也让人惊心：“力拔山兮气盖世，时不利兮骓不逝。骓不逝兮可奈何，虞兮虞兮奈若何！”由此可见，无论是政治上的成功者还是失败者，都选择了高歌一曲来表达自己的心情，可见当时乐歌的影响之深。

◎ 木兰从军

当然今天已经不可能听到当年的乐府乐曲，留下的只有乐府搜集和创作的“乐府诗”而已。其中较著名的还有南北朝时期的《木兰诗》和《孔雀东南飞》，分别来自一北一南，合称“乐府双璧”，脍炙人口。这两篇都是叙事诗，还被改编成各种剧本，搬上舞台和银幕,成为经久不衰的传奇。

说到歌,不得不说曲,它在元明时期发展到高峰。“曲”有北曲、南曲之分,后来又发展为杂剧、散曲、传奇等文体,曲也逐渐从舞台戏曲转化为文人案头的创作。元代有相当长的一段时间取消了科举制度,文人读书却没有出头做官之日,于是将一腔苦闷付诸戏曲创作和欣赏之中。

杂剧、套曲等在文人笔下产生之后,一般会被优伶们搬上舞台,因此创作戏曲的文人必须熟悉表演艺术,才能真正了解戏曲舞台,成为大师。因此很多剧作家都与歌妓们过从甚密,与优伶演员们来往频繁。元代伟大的剧作家关汉卿的[一枝花]《不伏老》套曲的最后,就对他平日的闲情生活和艺术生涯进行了剖白:

我是个蒸不烂、煮不熟、捶不匾、炒不爆、响珰珰一粒铜豌豆;恁子弟每谁教你钻入他锄不断、斫不下、解不开、顿不脱、慢腾腾千层锦套头?我玩的是梁园月,饮的是东京酒,赏的是洛阳花,攀的是章台柳。我也会围棋、会蹴鞠、会打围、会插科、会歌舞、会吹弹、会咽作、会吟诗、会双陆,你便是落了我牙,歪了我嘴,瘸了我腿,折了我手,天赐与我这几般儿歹症候,尚兀自不肯休!则除是阎王亲自唤、神鬼自来勾,三魂归地府,七魄丧冥幽,天哪,那其间才不向烟花路儿上走!

关汉卿所谓的“往烟花路儿上走”,其实就是说在他的生活是以“闲情”为重点的,他与歌妓们混在一起,精通各种游戏玩乐,就是因为他天生爱好艺术、爱好创作的细胞占了上风,让他不屑于走人人都向往的科举做官的所谓“正途”。而正是这种娱乐至死的生活态度,全心投入坚持创作的决心,使他成了成就辉煌的伟大戏剧家。

元代文人放荡不羁,尤其是曲作家们,无论地位高低,大多与歌妓打成一片，一些有名的歌妓也会作曲唱曲，文人与歌妓的密切交往，也是促成元曲辉煌的原因之一。元大都有名的歌妓珠帘秀就是出色的表演者，她能在杂剧中扮演各种角色，各有妙趣。她与元代文人卢挚的赠答之作写得相当优美动人。卢挚所作《别珠帘秀》：

才欢悦，早间别，痛煞煞好难割舍。画船儿载将春去也，空留下半江明月。

珠帘秀也是奇女子，当即作一首[寿阳曲]《答卢挚》：

山无数，烟万缕，憔悴煞玉堂人物，倚莲窗一身儿活受苦，恨不得随大江东去。

这两首应答写得极好，以明月朗照、大江东去表达离愁别绪，不仅说明文人与歌妓的密切交往，更表现了文人接近下层女子生活所获得的灵感。曲中的闲情本色与声情并茂曲文生动形象，活泼自然，远非一般闭门造句的文人可以比得上。

第二节 尽日话闲情
——清谈雅集

古人的雅集传统

文人雅集，自古皆然。中国历史上关于各类文人聚会交流的记载，从来没有间断过。还在春秋战国时期，很多诸侯身边都聚集了一大批文人学者，如孟尝君、信陵君、平原君、春申君四公子和秦丞相吕不韦门下，聚集的文人学者都超过千人，被称作“门客”。著名的毛遂就是平原君的门客，不仅为平原君出色地完成了各种出使任务，还为平原君准备了退休之后的后路。而孟尝君门下的“鸡鸣狗盗”之人更是以微末技艺救了孟尝君一命。这些故事大家都非常熟悉了。各方面优秀的知识分子聚在一起，从而形成了我国古代文学史上第一个高潮。

诸子百家的文学主张使得当时的文学、政治理念“百花齐放”。秦汉以降，这一风气依然不改，仅武帝时代的淮南王刘安，其身边就有文人几十人，不少人还都有作品流传下来，被后人辑为《淮南子》一书。魏晋时代更是清谈雅集的高峰时期，别的不说，单是曹操身边就聚集了孔融、王粲等著名的“建安七子”和女诗人蔡文姬等。

如果说上述情况都发生在有权有势的人身上，他们将文人聚在一起吟风弄月，抒发闲情逸致，留下佳话无数。但到了魏晋以后，文人大都能够凭自己的志趣，互相往来了。譬如在明清时期，就出现了“前七子”“后七子”“公安派”“竟陵派”“唐宋派”“桐城派”等文学派别，几个志趣相投、主张一致的文人，聚在一起品艺论文。而当时文人派别之多，留下著作之丰盛，可以想见那时文人雅集的盛况。

说到古代文人名士的清谈雅集，人们的第一反应往往是以“竹林七贤”为代表的魏晋风流。确实，两晋的名士清谈是中国历史上最热烈的。虽然政治和社会生活依然偶有动乱，但是当时统治阶层已经逐渐站稳了脚跟，皇族、外戚和朝代动荡造成的社会不稳定逐渐结束了，士族名士开始真正拥有军事和政治上的实权，逐渐形成了中国历史上独具特点的门阀

◎ 流觞曲水

政治。以士族大家为中心的寡头政治使得皇帝反而失落了皇权，成了傀儡。政治上的稳定使自给自足的经济得到了很好的发展，为名士们“自由逍遥”思想的发展提供了一定的物质基础。这时候，反映士族文化和名士闲情的清谈雅集活动逐渐发展起来，并成为魏晋时期文人生活的风流标志。

记录魏晋名人言谈轶事的笔记小说《世说新语》正是在这一环境中诞生的。《世说新语》是最原始、最全面的研究魏晋时期的作品，记载了六百二十六个魏晋士族精英的故事。我们今天要了解魏晋的社会、魏晋的文化、魏晋的思想，尤其是魏晋知识分子的生存状态，不可不读这本书。全书分为德行、言语、政事、文学、雅量等三十六门，记录了一千多则名人趣事，讲述了从汉代末年到刘宋时期贵族名士们的逸闻轶事，主要包括人物评论、机智应对以及清谈雅集，等等，其中清谈雅集最为丰富多彩。虽然有些故事不免夸张，真实性方面存在疑问，但是其中对门阀士族的思想、精神、文化、闲情等方面的记录是值得参考和肯定的。

在当时的清谈风气中，名士们暂时忘却了现实社会的烦恼和压抑，在清谈雅集中挥洒才情，彰显个性，从此忘却自己在战乱和暴政中受到的折磨。这时候清谈成为他们消散闲情的主要活动，也是他们寻找安慰和精神家园的方式。清谈让他们忘却现实的烦恼，探讨生命的真理，寻找心灵平静的源泉。当时清谈雅集体现出的名士们的风流谈吐与闲情逸致，至今仍然令人神往。

魏晋文人的清谈之趣

◎（明）万邦治《醉饮图》

今天有人以为清谈就是喝酒、喝茶聊天，其实不然。清谈是一种高级的学术社交，是当时士族阶级最有教养、最有才华的顶尖知识分子中进行的一种学术活动。放眼世界历史，可能也只有法国17至18世纪的文艺沙龙可以与之媲美。清谈有一套严密的规矩，并不是一般的聊天，而需要使用很精美的言词，讲究辞藻的华丽，甚至还要讲究声调的美丽。此外，文人在清谈时还要讲究风度之美，有时还要使用道具。清谈通常有三种形式：一种是由一个人主讲，这个人通常是大师级人物。第二种方式是两个人论辩。一方先提出自己的观点，另一方反驳，精彩的辩驳会持续几十回合。第三种是几个人共同讨论。现在西方的学术活动也不外乎这三种方式，而我国在一千年前就已形成颇为成熟的清谈传统，可谓非常超前。三种形式中第二种发生得较多。

西晋元康时期，王衍是文人名士的清谈领袖。王导和王敦是他的族弟，三人关系十分密切。王导和王敦不仅在政治上受到王衍的提拔，拥有共同的政治立场和观念，而且积极追随王衍进行清谈，成为元康之时清谈圈子的后起之秀。《世说新语》"容止"类中有记载：有人去王衍处，恰逢琅邪王氏家族的精英王戎、王衍、王敦、王导、王诩、王澄同聚一堂，不禁赞叹："今日之行，触目见琳琅珠玉。"由于王家才俊着实优秀，人们不禁将这些青年才俊比喻成珠玉，可以想象当年的王家儿郎们是多么的德才兼备。

王敦与王澄、谢鲲、阮修是王衍最要好的四个朋友，王导在洛阳玄学界，与王承、阮瞻齐名。若干年后，当王敦、王导成为东晋开国元勋，仍以当年参加的西晋元康玄谈为无上光荣，时时拿出来回味。王导曾经多次提及当年他在洛阳的表现："雒下论以我比安期、千里，我亦不推此二人，惟王共推太尉夷甫也。"他还以这段历史作为资本，用来奚落政敌蔡谟，颇有炫耀"当年勇"的嫌疑："我与安期、千里共游洛水边，何处闻有蔡克儿！"可能是王导过于重视元康名士对他的评价，总是在各种场合反复强调这一点，还受到羊曼的质疑：

> 王丞相过江，自说昔在洛水边，数与裴成公、阮千里诸贤共谈道。羊曼曰："人久以此许卿，何须复尔？"王曰："亦不言我须此，但欲尔时不可得耳！"

◎（明）谢环《杏园雅集图》

王导并非喜欢向别人夸耀自己，而是当年的清谈情景之盛实在给他留下了太过美好的印象，如今清谈名士们已经各自飘零，曾经的齐聚一堂、高谈阔论已经成为过眼云烟，往事不可能再现，王导也只能在回忆中追寻当年的清谈盛况了。

生存的环境越是动荡，人们越希望得到和平安宁的生活，魏晋名士们聚集起来，在清谈雅集中寻找宁静的心灵家园，躲避现实人生的烦恼。据《世说新语》言语第二十二记载：

诸名士共至洛水戏。还，乐令问王夷甫："今日戏乐乎？"王曰："裴仆射善谈名理，混混有雅致；张茂先论《史》《汉》，靡靡可听；我与王安丰说延陵、子房、亦超超玄箸。"

这一则讲的是王衍、张华、王戎等名士在洛水边游戏娱乐的情形。他们在美丽的自然风景之中，放开身心，畅所欲言。谈论的内容涉及"名理"、《史记》、《汉书》、"玄学"等。这些学派虽然内容各有不同，但是名士们博学古今，能够从各自的学养出发侃侃而谈，且不会因为各家的观点内容不同而争执，而是表现出"和而不同"的和谐气氛。这里所表现的清谈雅集，是一种多人之间自由轻快的精神畅游，所以是令人心情愉悦的。文人名士们在清谈时不仅仅说理辨析，也将这种活动视为一种智力上的较量和游戏。他们与志同道合的好友们一起进行思维和智慧的竞赛，从而获得审美的享受和精神上的满足。

《世说新语》文学第五十五则记载了一次著名的雅集：

支道林、许、谢盛德，共集王家。谢顾谓诸人："今日可谓彦会，时既不可留，此集固亦难常。当共言咏，以写其怀。"许便问主人有《庄子》不？正得《渔父》一篇。谢看题，便各使四坐通。支道林先通，作七百许语，叙致精丽，才藻奇拔，众咸称善。于是四坐各言怀毕。谢问曰："卿等尽不？"皆曰："今日之言，少不自竭。"谢后粗难，因自叙其意，作万余语，才峰秀逸。既自难干，加意气拟托，萧然自得，四坐莫不厌心。支谓谢曰："君一往奔诣，故复自佳耳。"

在集会的开始，谢安就说明了文人雅集的意义和追求。这种"群贤毕至"的盛会给了文人们难得的欢乐机会，让大家得以尽情抒发感慨，宣泄闲情，以获得精神的舒畅。许询对

《庄子》感兴趣，提议以此出题，于是谢安选择了《庄子》中的《渔父》，定好题目让大家各自阐发观点。东晋高僧支道林平时常常在士族上层社会活动，对中国文化思潮的发展和转变起了重要作用，这次集会他便是主角之一。支道林第一个进行演说，说了七百多句，讲得精致优美，无论是才思还是文辞都非常出众，引得大家交口称赞。除了他，其他名士也纷纷表达了自己的见解。最后谢安进行总结性质的讲演，首先简单地设难，然后陈述自家见解，洋洋洒洒万言有余，才智超凡，飘逸俊雅，达到了其他人难以抵达的高度。他的讲话寓意深远而又怡然自得，使得众人听后收获良多，无不心满意足。这种雅集的方式有点类似今天高校课堂上的提问式演讲，由学生根据一个问题发表意见，提出疑问，在讨论的过程中互相启发，最终由老师进行总结和升华，但是在主题和形式上都更加自由，令人无限神往。

魏晋时期的高门士族往往是儿女亲家。因为门阀家庭的小儿女们的婚姻对象只能是门当户对的士族家庭，因此，在因婚姻之事促成的家庭聚会上，文人名士众多，给善于谈论玄理的他们创造了表现自己的机会。《世说新语》文学第六十二则记载：

羊孚弟娶王永言女，及王家见婿，孚送弟俱往。时永言父东阳尚在，殷仲堪是东阳女婿，亦在坐。孚雅善理义，乃与仲堪道《齐物》，殷难之，羊云：“君四番后当得见同。”殷笑曰：“乃可得尽，何必相同？”乃至四番后一通。殷咨嗟曰：“仆便无以相异。”叹为新拔者久之。

这个故事说的是羊孚的弟弟羊辅娶王永言的女儿为妻。当王家要接待女婿的时候，羊孚亲自送弟弟到王家。这时王永言的父亲王临之还在世，殷仲堪是王临之的女婿，也在座。

羊孚很擅长名理，便和殷仲堪谈论起《庄子·齐物论》的写作主题和意义。殷仲堪反驳了羊孚的见解，羊孚说："经过四个回合后，您一定会发现其实您和我的见解相同。"殷仲堪笑着说："只能说大概如此，为什么一定会相同！"可是等到辩论了四个回合后，两人的见解竟然真的相通了。殷仲堪感慨地说："这样，我就没有什么见解跟你不同了！"并且赞叹羊孚是后起之秀。

殷仲堪和羊孚两位一老一少，不管是年龄差距还是资历差异都非常大，可是他们在清谈之时却完全不需考虑这些，只管探求真理。殷仲堪在发现自己处于劣势时，也没有难堪地觉得自己颜面尽失，更没有恼羞成怒地认为是对方不给面子，反而由衷地服输，并且夸赞对方。这种宽阔的心胸与当时清谈环境、学术气氛的宽容和谐是密不可分的。

《世说新语》文学第十九则记录了另外一个类似的故事：

裴散骑娶王太尉女。婚后三日。诸婿大会，当时名士，王、裴子弟悉集。郭子玄在坐，挑与裴谈。子玄才甚丰赡，始数交未快。郭陈张甚盛。裴徐理前语，理致甚微，四坐咨嗟称快。王亦以为奇，谓诸人曰："君辈勿为尔，将受困寡人女婿！"

这个故事说的是散骑郎裴遐娶了太尉王夷甫的女儿为妻。婚后三天，王家邀请各位女婿聚会，当时的名士和王、裴两家子弟齐集王家。玄学大师郭子玄也在座，他领头与裴遐清谈玄理。子玄才识很渊博，刚开始交谈几个回合，觉得说得不够痛快。郭子玄把玄理铺陈得很充分，裴遐却慢条斯理地梳理前面的议论，他所叙说的义理情趣都很精微，让满座的宾客赞叹不已，认为他说得很透彻准确。王夷甫也觉得这种说理的方式新奇罕见，于是对大家说："你们不要再辩论了，不然都说不过我的女婿。”这种满座欢乐、合家欢馨的气氛是魏晋文人在清谈中追求的最高境界。在喜庆的婚庆场合也不忘清谈,只因为清谈是他们挥洒闲情的最好方式,也是他们人生欢乐的源泉之一,为婚庆的喜事更添情趣和光彩。

《兰亭集序》与“奋掷麈尾”

王羲之是东晋之后宰相王导的侄子,也是喜好组织和参加清谈雅集的名士。他从小受到父亲舞文弄墨、爱好书法的熏陶,也喜欢上了书法。十几岁时,他常在父亲书房里翻弄前人的书迹、碑帖。王旷见儿子如此心诚,就以一本《笔说》为教材,教他笔法、笔势、笔意。没过多久,王羲之的书法已打下了很好的基础。后来,王羲之的书法出了名,许多人都以得到他的字为荣,连京城里的大官、地方上的豪富都争相求他的墨宝。

王羲之做过刺史、右军将军、会稽内史。当时人们爱称他为“王右军”。四十多岁时,因为和上司意见不合,他辞去了会稽地方官的职务。从此他经常游山玩水,吟诗会友,有了更多的时间潜心于书法艺术,书法的造诣达到了登峰造极的境界。

永和九年的春天,一场流传千古的清谈雅集就要开始了,它注定被后人永远铭记。这天王羲之请了许多宾客,包括司徒谢安、司马孙绰以及附近几个县令,又带上自己的几个儿子,来到会稽兰渚山麓的兰亭聚会。正值春暖花开,山清水秀,一行人踏着悠闲的脚步,在山径中行走。

王羲之闲情大发,提议来一次传统的“曲水流觞”助兴,众人赞同。于是,大伙来到一条弯曲的小溪边,在溪旁的石头上坐下。王羲之命书童在小溪的上游将几只装满酒的酒杯，放在一个木盘里，然后让盘子顺着小溪流向下游。盘子流经哪个人身边，那个人就得赶快作一首诗，作不出诗，就得罚酒三杯。这场“曲水流觞”的游戏进行得十分尽兴，大家共作出了二三十首好诗。

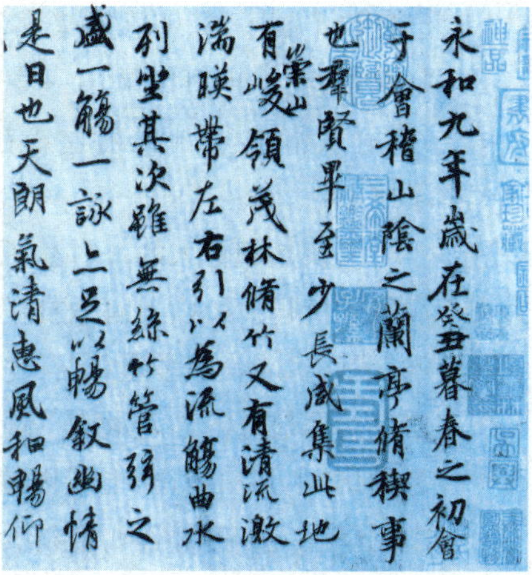

◎ 兰亭集序（局部）

为纪念这次聚会，大家提议把这些诗编成一册集子，取名《兰亭集》，并公推王羲之写一个序。王羲之此时已经饮酒至微醺，作文的闲情更加浓厚。他丝毫没有推辞，命书童在兰亭摆下笔墨。在众人的簇拥下，王羲之信步来到兰亭，他环顾崇山峻岭、松林竹园、溪水瀑布，不由得心绪万千。过了一会儿，序已打好腹稿，王羲之在书案前盘腿坐下，拿起毛笔，在纸上一挥而就。不久，被誉为“天下第一行书”的三百二十五个字的《兰亭集序》，就在这会稽群山中诞生了。

关于《兰亭集序》，世间流传着形形色色的趣闻逸事。据说当时王羲之写完之后，对自己这件作品非常满意，感叹说：“此神助耳，何吾能力致。”因此，他对这篇书法作品十分珍惜，把它作为传家之宝，一直传到第七代孙智永。智永少年出家，酷爱书法，死前他将《兰亭集序》传给弟子辨才和尚。辨才和尚对书法也很有研究，他知道《兰亭集序》的价值，将它视为珍宝，藏在卧室梁上特意凿好的一个洞内。可惜，经历过朝代变迁和各种人对此珍宝的觊觎，《兰亭集序》的真品今天已经看不到了，只留下后来书法家的临摹本。但即使是这些临摹本，我们也可以从中一窥王羲之原作中的绝妙笔法、墨气、行款和神韵，让人对这篇在雅集中诞生的绝世佳作赞叹不已。

清谈是魏晋人的一种生活方式，代表的是高贵的身份和高雅的情趣。所以只有敏捷的才思、漂亮的语言显然是不够的，清谈者的言谈举止，同样也得显示出与清谈相符的高雅气质来。而最好的表现物是“麈尾”，它是羽尾之类的东西，上为羽扇，中为扇柄，柄上贯以横轴，两侧饰以麈尾毛。在清谈中用麈尾，看来很潇洒，很符合魏晋人对美的追求；同时麈尾在清谈中也有很实际的用途。因为清谈并不总是和风细雨的，有时也会相当激烈，甚至有剑拔弩张之势。如《世说新语》文学第三十一中记录的这场清谈：

孙安国往殷中军许共论，往反精苦，客主无间。左右进食，冷而复暖者数四。彼我奋掷麈尾，悉脱落，满餐饭中。宾主遂至莫忘食。殷乃语孙曰：“卿莫作强口马，我当穿卿鼻！”孙曰：“卿不见决牛鼻，人当穿卿颊！”

孙安国到中军将军殷浩处一起清谈，两人来回辩驳，谁也说服不了谁，宾主都无懈可击。侍候的人端上饭菜，他们也顾不得吃，饭菜凉了又热，热了又凉，这样反反复复好几遍。双方奋力辩论，说的时候用力甩动麈尾，以致上面的毛全部脱落到了饭菜上。后来，他们竟然辩论到傍晚也没想起吃饭。殷浩便对孙安国说：“你不要做硬嘴马，我就要穿你鼻子了！”孙安国接口说：“你没见挣破鼻子的牛吗，当心人家会穿你的腮帮子！”

在一场十分紧张激烈的辩论中，辩论双方拼命地甩麈尾，可见论辩双方多么忘形。人们总有这样的生活经验，当我们紧张时，总是抓耳挠腮，或是无意识地摆弄手边的小物件，或者以其他的不太雅观的方式来掩盖自己紧张之态。魏晋人正是利用“麈尾”来掩饰清谈时的紧张和激烈情绪的。总而言之，清谈不仅是文人名士的一种生活方式，也是一种娱乐方式，在清谈中，他们可以显示自己高贵的身份、高雅的情趣以及高妙的智慧。

第三节 尊酒赏闲情
——把酒尽欢

何以解忧，唯有杜康

文人与酒一直是两个难以分开的词，文人让酒更具文化意蕴，酒让文人更具风流才情。提到酒，就不得不再次提到魏晋。在生活动荡、朝不保夕的时候，人们更愿意沉醉在酒精之中，在酒精造成的眩晕之中，自己仿佛能够更好地与天地自然融合为一。饮酒也是他们避祸的方式，借酒装疯以迷惑对他们有企图的统治者，从而避开黑暗的政治和钩心斗角的官场。

饮酒的文人中最出名的就是“竹林七贤”了，他们是阮籍、嵇康、刘伶、向秀、山涛、王戎、阮咸七人。他们都以文名称道，但在酒史上的名声却丝毫不亚于他们在文学上的名声。

阮籍因为曾任步兵校尉，又被人称为“阮步兵”。他做步

◎ 竹林七贤

兵校尉，并不是他想做官，而是因为酒的缘故。当时步兵校尉一职出现了空缺，而步兵校尉的厨中有美酒数百斛，于是阮籍就主动要求做步兵校尉，只为能尽情地饮用军中的美酒。

阮籍生性谨慎，司马昭一直想拉拢他，阮籍都用一些无关紧要的话搪塞过去了。司马昭又想把女儿嫁给阮籍，以这种方式让两人搭上关系。可每次派人去向阮籍求亲，他都醉得不省人事，无法商议正事。阮籍连续醉了两个月，司马昭实在拿他没有办法，只好放弃了，但也从此对他怀恨在心。司马昭的重臣钟会经常问阮籍对时局的看法，想借其言语的漏洞而治他的罪，阮籍又是每次都喝得大醉，对时局不加任何评论，让他们没有漏洞可循。“胸中块垒，非酒不能消也”，沉醉于酒，这是阮籍迫不得已的保命之道，就算是酩酊大醉的时候，他的内心也是清楚的，他不想与司马氏有瓜葛，可又不敢公开得罪司马氏，只好装疯卖傻了。在阮籍看来，酒不仅仅是面对权贵的武器，更是消解心中烦闷和悲情的工具。据《晋书·阮籍传》所载：

籍性至孝，母终，正与人围棋，对者求止，籍留与决赌。既而饮酒二斗，举声一号，吐血数升。及将葬，食一蒸豚，饮三斗酒，然后临决，自言穷矣。举声一号，又吐血数升。毁瘠骨立，殆至灭性。

阮籍的母亲去世的时候，他正在与人下棋，对手要求暂时罢手，阮籍却不同意，非要和他分出胜负不可。等到一局终了，阮籍一口气喝下两斗酒，随即大声痛哭，随之吐血。他的母亲将要下葬时，阮籍吃了一只蒸熟的小猪，喝了三斗酒，然后拜别母亲，他仰天痛哭流涕，又吐了血。母亲去世之后很久，阮籍因为伤心而显得形销骨立。按传统的礼法习惯，母亲去世之后，儿子必须守孝，不能喝酒吃肉，但阮籍不在乎这些，他看重的是自己对母亲的深情。而他的表现足以证明这一点，酒在这个时候成为他消解心中悲痛的东西，是伤心之酒。

阮籍在守丧期间饮酒食肉的行为，引起了何曾的不满。何曾认为阮籍的行为大逆不道，尤其违反了孝道，应该被流放。司马昭认为阮籍因为母亲去世伤心过度身体受到了极大的伤害，这是值得同情的，况且有病的时候饮酒食肉是并不违背丧礼的。司马昭与何曾当面议论阮籍，可他好像没有听到，照样还是饮酒食肉，神色自若。因为他知道司马昭并非真的理解自己，而是为了收买自己。

◎ 阮籍饮酒

阮籍是个旷达的人，他虽然不看重礼法，行为举止都以自己的心情做主，想怎么做就怎么做，但也从来没有做出什么出格的事情，可见此人思想上的干净和纯粹，远比那些满嘴仁义道德内心龌龊肮脏的人要高尚。阮籍的邻居是个卖酒的，老板娘长得很漂亮，阮籍与王戎经常去这家酒馆喝酒。阮籍喝醉后就睡倒在漂亮老板娘的身边。酒店的主人刚开始以为阮籍有什么不轨的举动，他偷偷地观察了好久，并没有发现什么。可见，阮籍对老板娘的亲近仅仅因为欣赏她的美，没有任何不正当的目的，这种纯粹的没有任何功利性的对美的欣赏正是文人闲情的一种表达。

阮籍不仅自己喜欢喝酒，他饮酒的爱好还影响了同宗兄弟们，许多阮家子弟都喜欢喝酒。有时候许多人一起喝酒，他们觉得用杯子不过瘾，就用一个很大的瓮盛酒，大家围坐在一起痛饮。这时候有一群猪看到瓮里面的酒也来喝，他们根本不在乎，只将酒的上半部分倒掉，然后继续痛饮。可见这些人在意的只是饮酒放纵而已。阮籍有一个侄子叫阮孚，他爱酒的程度丝毫不亚于叔叔，酒瘾上来的时候而恰巧没带钱，他就用帽子上的金貂去换酒。“杖头钱”是酒钱的雅称，这个美称源自另一位阮姓之人——阮宣子。他出门的时候经常在手杖头上挂一些钱，遇到酒馆，便用钱买酒喝。阮宣子性格很狂傲，他经常自饮自酌，就算当时的权势人物来拜访，他也不会轻易搭理。

唐代文人的创作与酒

唐代著名诗人白居易也非常爱酒，他有九百多首诗歌都是描写酒的。他每到一个地方都会给自己起一个跟酒有关的号。为河南尹时号“醉尹”，被贬为江州司马时号“醉司马”，当太子太傅时号“醉傅”，总号为“醉吟先生”。酒在白居易的笔下还有一个雅称：玉液，这个称呼出自他的《效陶潜体》：“开瓶泻尊中，玉液黄金脂。”于是后来玉液就成了酒的代名词。白居易隐居龙门的时候，更是不可一日无酒，在他看来，人可以不吃饭，但酒是绝对不可缺少的。晋代的文人刘伶留下了一篇《酒德颂》，称颂酒的优点，而白居易模仿《酒德颂》

作了《酒功赞》：

麦曲之英，米泉之精。作合为酒，孕和产灵。孕和者何，浊醪一樽。霜天雪夜，变寒为温。产灵者何，清醑一酌。离人迁客，转忧为乐。纳诸喉舌之内，淳淳泄泄，醍醐沆瀣；沃诸心胸之中，熙熙融融，膏泽和风。百虑齐息，时乃之德；万缘皆空，时乃之功。吾尝终日不食，终夜不寝。以思无益，不如且饮。

白居易还创作过名为《劝酒诗》的组诗，系统地表达了自己对酒的理解。他认为，饮过三杯酒后才能明白酒中的真谛，所以不喝过三杯酒，最好不要开口说话。老朋友聚饮时，很容易感慨时光易老、青春不再，喝一次酒，头上的白发就增加几根，越到晚年这种感慨就越强烈。白居易从前年少激愤，写了不少诗歌表达对黑暗现实的强烈不满和对百姓疾苦的深切同情，如《新乐府》《秦中吟》等等，正是因为这些为百姓说话的诗歌让他受到当朝权贵的迫害，一再被贬官，不能完成心中的宏愿。

◎ 白居易诗酒风流

晚年的白居易不再像以前那么激昂了，而是天天沉醉于酒。这样才能让他暂时忘却人生的苦痛，正如他曾经说过“心中醉时胜醒时”。时光催人老，而天地则是永恒不变的，在时间的长河中人的一生显得那么短暂，这多么令人伤心，还是痛饮美酒吧。

唐代诗人贺知章也是一个特别喜欢喝酒的人，杜甫在《饮中八仙歌》

中第一位提到的就是他:“知章骑马似乘船,眼花落井水底眠。”饮中八仙中以贺知章年龄最大,他喝醉后在马上摇摇晃晃,就如同坐船一样,杜甫开玩笑说,贺知章就算掉进井里,他也醒不了,会一直在水底酣睡下去的。贺知章以诗出名,很少有人知道他还是优秀的书法家。贺知章擅长草书、隶书,当时人们将贺知章的草书、秘书省的落星石、薛稷画的鹤、郎馀令绘的凤合称为秘书省的“四绝”。贺知章传世的书法作品中,主要有墨迹草书《孝经》、石刻《龙瑞宫记》等。

据《旧唐书·文苑传·贺知章传》记载:“醉后属辞,动成卷轴,文不加点,咸有可观。”贺知章特别喜欢醉后写书法,饮酒让他对笔的控制少了一分严肃,多了一分灵动和洒脱,所以往往醉后创作的作品质量更高。窦蒙也是唐代书法家,他在《述书赋注》中是这样评价贺知章的书法的:“每兴酣命笔,好书大字,或三百言,或五百言,诗笔惟命……忽有好处,与造化相争,非人工所到也。”

可见,唐朝人很了解贺知章醉后善书之事,窦蒙认为,贺知章醉后的书法如有神助。窦蒙评论书法非常尖刻,许多唐代书法名家他都不放在眼中,他能给贺知章书法“与造化相争,非人工所到”的评价,说明贺知章的书法在唐代确实非同一般。宋代的陶宗仪在《书史会要》中也提到了贺知章醉后善书的特点,高度评价了他的艺术成就。晚年的贺知章尤其喜欢醉后写书,而且达到了炉火纯青的境界。神奇的是,就算他酒醒后再怎么写,也写不出醉后的那种酣畅淋漓的感觉了。可见,酒对文人的影响之一,就是能够放大他们的闲情逸致,使他们更加充分地发挥他们的才华,做到平时难以做到的事儿,达到清醒的时候难以达到的高度。正如武术中的“醉拳”一样,看似迷乱,却更有章法,达到出人意料的效果。

宋代女词人李清照出身名门，父亲李格非是宋代著名的官员，也是个藏书爱好者，家里的藏书非常丰富。李清照在父亲的严格教育与家庭浩如烟海的书籍的熏陶下，打下了良好的文学基础。少女李清照无忧无虑，喜欢与闺中好友一起游玩饮酒。李清照在《如梦令》中记载了自己年少饮酒的经历，从这首词中我们可以看到一个少女的天真情怀。

◎ 仕女游园图

常记溪亭日暮，沉醉不知归路。兴尽晚回舟，误入藕花深处。争渡，争渡，惊起一滩鸥鹭。

词人与玩伴们在户外饮酒玩笑，可能因为只是偶尔饮酒，她们一会儿就喝醉了。在醉酒的迷蒙之中，她们找不到回家的路了。在众人饮酒尽兴之后，少女们准备划船回家，却不小心将船划到了浓密的荷花丛中。这时她们惊醒了荷花丛中的水鸟，鸟儿扑腾腾地飞向了天空。明艳的少女、清雅的荷花、洁白的鸥鹭、波光粼粼的小湖，空气中仿佛还飘着一丝丝若有似无的酒香，这幅日暮晚归的画面实在是太美丽了。词人回忆自己年少时的饮酒闲情，不管当下处境如何，心里应该是在怀念从前的岁月静好和少年闲情。

宋代大文豪苏轼尤其钟爱喝酒，他酒量有限，也曾自嘲“千杯不醉，一杯就倒”的酒量。但是酒量不好并不代表不爱酒，不理解酒，苏东坡对酒有着自己独到的理解，他在《书东皋子传后》中说：

余饮酒终日，不过五合，天下之不能饮，无在余下者。然喜人饮酒，见客举杯徐引，则余胸中为之浩浩焉，落落焉，酣适之味乃过于客，客至未尝不置酒，天下之好饮，亦无在余上者。

从中我们可以看出苏轼达观的人生态度。虽然酒量极小，容易饮醉，却极其爱酒，甚至看到别人饮酒，他也会高兴。有时在酒宴上他喜欢看朋友们开怀畅饮，看着朋友喝酒，也像自己喝了酒一样。

苏轼不仅喜欢喝酒，而且还学习过酿酒，并擅长此道。他对各种酒性都有自己独到的认识，写过《酒经》《真一酒法》等著作。既要饮酒，就得解酒，苏轼还研制出了一系列的解酒方法，成功地治疗了自己的弟弟因饮酒过多而引发的肺病。苏轼还为酒起了爱称，他在《洞庭春色》中写道："要当立名字，未用问升斗。应呼钓诗钩，亦号扫愁帚。"以后，许多文人就以"钓诗钩""扫愁帚"作为酒的雅称。在苏轼看来，酒有"钓诗""扫愁"的作用，能够引发诗情、驱除烦闷，是多愁善感之人的最佳伙伴之一。酒精会影响人的神经，放大人的情感，所以文人爱酒理所当然。

饮酒也是文人闺房之乐中不可缺少的一个项目。苏轼的第一位妻子名叫王弗，是一位贤内助，在苏轼读书的时候，她总是在苏轼旁边，有的时候也能就一些句子与苏轼讨论。一次苏轼读书的时候出现了错误，王弗便指了出来，让苏轼对她的专心和用心非常感动。当家里来了朋友，王弗总是藏身屏风，观察与苏轼来往的对象，考察他们的文学才识、人品性格。王弗颇识人，一日章淳来看苏轼，讲了很多讨好苏轼的话。王弗一眼就看出章淳热情过头，告诫苏轼说此人并不可靠，将来恐怕对苏轼不利，果然章淳后来迫害苏轼的时候可谓不遗余力。

除了学习与交友，王弗还与苏轼一起饮酒赏景，享受浪漫的生活。苏轼离开四川之前，很喜欢待在岷江边上的王方家里，与王弗一起在古庙清溪之间漫步，还一起野炊，二人饮酒聊天，留下了非常美好的回忆。王弗二十七岁早逝，苏轼痛失爱人和朋友，写了一首感人至深的悼亡词《江城子·记梦》：

十年生死两茫茫，不思量，自难忘。千里孤坟，无处话凄凉。纵使相逢应不识，尘满面，鬓如霜。夜来幽梦忽还乡，小轩窗，正梳妆，相顾无言，惟有泪千行。料得年年肠断处，明月夜，短松岗！

苏轼虽然仕途不顺，却情场得意。一个爱酒的男子能够娶到愿意陪他饮酒的女子为妻，是多么难得的事啊！苏轼的第二任妻子名叫王闰之，她不仅更能够理解丈夫的爱酒情结，有时还与丈夫共饮几杯。苏轼在写给自己朋友李之仪的一封信中提到“酌酒与妇饮”，可见与妻子饮酒是他生活的常态之一。他还在《小儿》诗中提到了对妻子理解自己饮酒的感念之情：

小儿不识愁，起坐牵我衣。我欲嗔小儿，老妻劝儿痴。
还坐愧此言，洗盏当我前。大胜刘伶妇，区区为酒钱。

苏轼可能因为心情不好，对打扰自己的儿子有点恼火，正要斥骂儿子，妻子劝慰自己，不要因为儿子的不懂事而发火。苏轼听了妻子的话觉得惭愧，怒火立刻平息了。妻子不仅能够平衡父子关系，还能理解自己的丈夫，知道丈夫心情不好的时候喜欢饮酒消愁，主动为丈夫准备酒具，为他把盏倒酒。苏轼感慨自己过得比魏晋时期的刘伶要幸福多了。刘伶是著名的酒徒，经常杯不离手，他的夫人特别担心他过量饮酒伤身，也心疼饮酒所费不赀，经常劝说丈夫少喝点。可是刘伶从来没有把自己妻子的话当回事，刘夫人只好把酒坛、酒壶等器皿全部打碎了。与刘伶相比，苏轼真的是幸运太多，两位妻子都既是酒友又是爱人，这在古代女子中可是非常罕见的。

《后赤壁赋》是苏轼名传千古的散文佳作。这篇文章中表现的不仅仅是苏东坡作为一代文豪的才气，更是东坡夫人的风雅，她也凭借《后赤壁赋》成为中国历史上最有名的妻子之一。苏轼与两位密友相谈甚欢，可惜没有酒相伴，都觉得心里不是很自在。苏轼感慨道："有客无酒，有酒无肴，月白风清，如此良夜何？"有良朋却没有美酒，也没有下酒的佳肴，岂不是辜负了上天赐予的良辰美景？朋友说，下酒物倒不用担心，今晚刚好网到了一尾好鲈鱼，只是到哪里去寻酒呢？苏轼回到家后向自己的夫人讨主意，夫人给了苏轼一个很大的惊喜，原来她早就为苏轼藏下了酒，以防苏轼的不时之需。我们可以想象苏轼听到这个消息后的心情，能有一位如此体贴贤惠的夫人，上天待他不薄啊！苏轼带着夫人为自己珍藏的酒与朋友泛舟来到赤壁下，三人一边喝一边感慨万千，于是苏轼写下了《后赤壁赋》。《后赤壁赋》之所以能够成为千古名文，除了美酒与才情的加持，更有苏轼夫人的功劳。

苏东坡有如此理解自己喝酒的夫人，这一福气让许多爱酒的文人羡慕，其中就包括清初的文坛怪杰金圣叹。金圣叹是清初著名的文学家和文学批评家，他也是一个嗜酒之人，廖燕所作的《金圣叹先生传》中说他"好饮酒，善衡文评书，议论皆发前人所未发"，酒让金圣叹更加文采飞扬。金圣叹在批注《西厢记》时，写下了许多人生"不亦快哉"的事，其中有两条是与酒有关的。第一条是冬夜饮酒赏雪："冬夜饮酒，转复寒甚，推窗试看，雪大如手，已积三四寸矣。不亦快哉！"这里说的是冬夜饮酒之时，觉得突然冷得很，推开窗子一看，原来外面下起了大雪，地上的雪已经积了三四寸厚了。一边饮酒，一边观看雪景，这确实是神仙般的享受。

第二条则是："有朋自远方来，不亦乐乎？"见到久别的朋友自然高兴异常，酒徒遇酒友，那种喜悦更是无法用言语表达。

十年别友，抵暮忽至。开门一揖毕，不及问其船来陆往，并不及命其坐床坐榻，便自疾驱入内，卑辞叩内子："君岂有斗酒如东坡妇乎？"内子欣然拔金簪相付。计之可作三日供也。不亦快哉！

金圣叹开门见了老朋友，就随便作了个揖以见礼，并不问朋友是从陆路来的还是从水路来，也没来得及请朋友在床上或榻上坐下，而是快步跑进内室，去找自己的妻子，问她是否像东坡的夫人那样为丈夫藏下了好酒。妻子虽然没有准备酒，却将头上的金簪拔下来交给丈夫，让他去换酒。金圣叹估量了一下金簪的价值，差不多可以换来三天的美酒。可见金妻较之东坡夫人更胜一筹，东坡夫人只不过为自己的丈夫提前准备了酒，她却拔下自己的金簪让丈夫去换酒。酒徒能有这么一位善解人意的妻子，的的确确是让人羡慕不已的。拥有这么一位体贴温柔的妻子，不仅是金圣叹的理想，也是所有好酒男士的梦想。

《滕王阁序》的写作

"腹稿"是一个人们耳熟能详的常用词，指的是写文章之前预先在脑中想好要写的内容，但并没有写出来。许多著名作家创作时都会打腹稿，但很少有人知道这源于一个与酒有关的典故。据《新唐书·王勃传》记载：

（王勃）初不精思，先研磨数升，则酣饮，引被覆面卧，及寤，援笔成篇，不易一字，时人谓勃为腹稿。

王勃刚开始写东西的时候根本不费力思考，而是准备好笔墨纸砚后痛饮美酒，喝完酒后就蒙着被子躺在床上睡着了。虽然表面上是睡了，但是心里却是文思泉涌，已经将“腹稿”打好了。他醒来之后，直接挥笔而写，很快就会写完，连一个字都不用修改。酒刺激了王勃的创作灵感，让他文思泉涌，下笔如神。

很多人可能不了解王勃的诗歌，但不会不知道他的《滕王阁序》，这篇序文是中国骈文史上数一数二的作品，甚至可以说是空前绝后的。王勃创作这篇盖世奇文，也与酒密不可分，他是在酒会上完成这篇绝世佳作的。关于《滕王阁序》的由来，唐末王定保的《唐摭言》有一段生动的记载。当时阎伯屿是洪州的最高长官，一天，他在滕王阁上大宴群僚。此时王勃正在去探望父亲的路上，恰好经过滕王阁，就参加了这场酒会。现在滕王阁酒会因为王勃而名传千古，而当初的举办者早就被人们淡忘了。

◎ 滕王阁

酒会上阎伯屿本来想让自己的女婿孟学士作序，好让女婿借此成名。阎伯屿对酒会上的众人假意谦让，问谁有大才可以写篇序文，参加宴会的人知道他的用意，都推脱自己才疏学浅，阎伯屿正想让女婿动笔时，王勃站出来毛遂自荐。此时王勃只有二十岁，却已经是才高八斗的英气少年。这真是半路上杀出个程咬金，阎伯屿心里的郁闷可想而知。他生气地离开了酒宴，到旁边的一个房间里去了，但他又忍不住想知道王勃要写些什么，于是让人传话给自己。

当有人将王勃序文的开头“豫章故郡，洪都新府”告诉他的时候，他觉得这不过是老生常谈，没有什么新鲜的。当听到“台隍枕夷夏之郊，宾主尽东南之美”的时候，阎伯屿开始沉吟不语。当传话人读到“落霞与孤鹜齐飞，秋水共长天一色”的时候，阎伯屿大惊失色，禁不住高呼：“写出这么优美句子的人肯定是天才，这篇序文肯定可以流传千载！”阎伯屿忙走到王勃身边，王勃每写几句，他都赞叹不已。写完后，阎伯屿请王勃参加酒宴，两人开怀畅饮，非常开心。

这场酒会用以酒会友的名义开始，以一篇千古奇文的产生结束，注定会名垂青史，它不仅让我们见识了王勃的文才，还让我们见识了阎伯屿的气度，更重要的是，这场酒会让我们见识了大唐的文采风流。酒与闲情无疑能够碰撞出非常精彩的火花，让文人的妙笔更有辞彩，让闺房之乐更有情趣，让文人名士更加风流雅致。

第四节 闲情在山水
——隐逸风流

隐士的闲情追求

不管尘世如何喧嚣，人们总有遥望星空、安享宁静的心绪。红尘之中琐事不断，不由让人产生“为谁辛苦为谁忙”的感慨。所以当人们从大大小小的事情中偶尔抽身，仰望苍穹，很难不被宇宙的浩瀚和静谧所震撼和征服。在静静的星光照耀下，数千年来生活着这样一群人，他们不事张扬，自甘寂寞，悄然出没于神秘的星际下。他们所行之处，萍水不动、鸟兽不惊；所涉之水，波澜不起、漂叶不移；所行之空，尘埃不飞、轻风不旋。他们是韬光养晦的中国隐士，他们是滚滚红尘之外的宁静星空。

文人在山水自然之中往往可以更好地发散闲情，因此玩味山水、隐逸田园是中国文人常常选择的一种生活方式。在中国五千年的历史长河之中，隐逸之士一直作为一个相当特殊的群体存在着，隐逸生活是高雅淡然的。从文人留下的作品中，总能体会到其中流露的归隐之情。从先秦开始，隐逸之风逐渐发展盛行，让无数文人为之痴狂，深深影响了他们的精神世界，尤其是身在朝野的文人，他们对隐逸生活大多是充满向往的。这种无比强烈的归隐欲望推动了隐逸文化的形成，成为闲情文化的一个方面，影响了整个中华民族的审美倾向。

古代文人为了追求自我和闲情，选择与社会隔绝的生活方式就是隐逸。但是这种隔绝不一定是绝对意义上的隔绝，而是心灵上和生活上的韬光养晦，所谓“大隐隐于朝，中隐隐于市，小隐隐于野”。古代文人类似于现在的知识分子，古代中国官员主要由文官构成，因此文人对整个时代的政治经济等各方面都有很大影响。“隐士”这个词中有一个“士”字，而“士”就含有知识分子和官员的意思，因此能够做官却不做官，也不想做官的人才叫作“隐士”。隐士既是文人中的一个群体，也是文人之中的优秀者，不是任何人栖身于田园山野之中就能够称为“归隐”。

尧舜时期已经出现了隐逸山水的始祖。《庄子·让王》中记载了好几个这样的故事：

尧以天下让许由，许由不受。又让于子州支父，子州支父曰："以我为天子，犹之可也。虽然，我适有幽忧之病，方且治之，未暇治天下也。"夫天下至重也，而不以害其生，又况他物乎！唯无以天下为者，可以托天下也。

舜让天下于子州支伯。子州支伯曰："予适有幽忧之病，方且治之，未暇治天下也。"故天下大器也，而不以易生，此有道者之所以异乎俗者也。

舜以天下让善卷，善卷曰："余立于宇宙之中，冬日衣皮毛，夏日衣葛；春耕种，形足以劳动；秋收敛，身足以休食；日出而作，日入而息，逍遥于天地之间而心意自得。吾何以天下为哉！悲夫，子之不知余也！"遂不受。于是去而入深山，莫知其处。

舜以天下让其友石户之农，石户之农曰："捲捲乎后之为人，葆力之士也！"以舜之德为未至也，于是夫负妻戴，携子以入于海，终身不反也。

◎ 许由洗耳

尧舜时期，统治者的继承人是依据德行进行选拔的，通过禅让传位，没有产生"家天下"的专制统治。传说尧想把天下禅让给许由，但是许由不仅不接受，还去河边洗耳朵，仿佛尧的请求侮辱了他。尧又想把天下让给子州支父，子州支父说："让我来做天子，是可以的。不过，我患有很深、很顽固的病症，正打算认真治一治，没有空闲时间来治天下。”统治天下就意味着拥有最高权力，却不能因此而有碍自己的生命，更何况是其他的一般事物呢？只有忘却天下而无所作为的人，方才可以把统治天下的重任托付给他。这种政治态度显然是与尧不太相同的，许由和支父的推脱，不外乎是表达不同的政治见解，希望追随自由生活的态度。

作为尧的继承人，舜也希望采取禅让制。于是他和尧一样，去找了子州支伯，子州支伯却同样以“幽忧之病”作为拒绝的理由。天下应当是最为重要的东西了，可是却不能因它而有损生命，这就是怀道的人对待天下跟世俗大不一样的原因。

舜去找隐士善卷，善卷却更直接地拒绝了。他说：“我处在宇宙之中，冬天披柔软的皮毛，夏天穿细细的葛布；春天耕地下种，身躯能够承受这样的劳作；秋天收割贮藏，自身完全能够满足给养；太阳升起时就下地干活儿，太阳下山了就返家安息，无拘无束地生活在天地之间，而心中的快意只有我自己能够领受。我又哪里用得着去统治天下呢！可悲啊，你不了解我！”善卷的“日出而作，日入而息”的生活方式成了中国历代隐逸之人最主要的追求。此时虽然隐逸文化并未成型，但是这种隐逸的观念与追求显然已经非常成熟了。善卷不仅是这样说的，也是这样做的。他拒绝了舜的请求之后，离家隐入深山，再没有人知道他的住处。

舜又准备把天下让给他的朋友，那是石户地方的一位农夫，可惜连这位农夫也拒绝了他：“君后的为人实在是尽心尽力了，真是个勤苦劳累的人！”但是他认为舜的德行还未能达到最高境界，于是他们夫妻二人背的背、扛的扛，带着子女逃到海上的荒岛，终生不再返回。这种拒绝天下的态度是非常彻底的，隐士们为了保持生活的纯净与闲适情调，不惜拒绝天下，表现出对自己人生原则的坚持。

这些故事不管是真实的还是虚构的，都开创了中国文人隐逸的传统。随着时间的推移，这些最初的隐士形象越来越生动，成为文人隐逸理想最早的实践者。他们自己劳作，自给自足，不依靠别人，精神上更自由，可以尽情发展和享受闲情，对待社会现实却又非常清醒，甚至拥有一种批判现实的精神，这样的精神境界，即使是今天的知识分子也很难达到。他们出于自身性格、兴趣等原因，不愿意作为统治者束缚自己，更不愿被权力政治所绑架。他们虽然具有安定国家、治理百姓的能力，却更向往和追求自己的精神自由与价值理想。这种隐逸观念的形成，对后来漫漫历史长河中的文人们产生了莫大的影响。

魏晋的隐逸之风

魏晋时期是中国历史上最具特色的时代之一，中国文人名士的风采情志发展得优雅、飘逸、潇洒而又美丽，几乎没有任何一个时代能够与之相比。时代的变迁和动荡造成人命的轻贱，司马氏集团对文人的残暴让名士们动辄获罪，既然在朝野之中已经无法体现文人才华，相反他们还可能成为政治牺牲品，那么归隐山林就成了文人名士的另一种选择。

嵇康，字叔夜，是魏晋名士的代表之一，也是“竹林七贤”的领袖。他身材高大，外表不自藻饰却丰神俊朗，是典型的美男子。《世说新语·容止篇》里写道：“（嵇康）身长七尺八寸，风姿特异。见者叹曰：‘萧萧肃肃，爽朗清宁。’或云：‘肃肃如

◎ 唐寅《杏花茅屋图》

松下风，高而徐引。’”嵇康文采斐然、博学多闻，确是魏晋名士的佼佼者。据《三国志·嵇康传》记载：“（嵇康）家世儒学，少有俊才，旷迈不群，高亮任性。不修名誉，宽简有大量。”嵇康善于作文评论，弹琴咏诗也是一把好手，性格恬静，无欲无求，性好隐逸。嵇康之妻为曹操的曾孙女长乐亭主，因此嵇康曾经当过魏迁郎中，拜中散大夫，但是他此后一直拒绝司马氏的招用，受到司马氏的嫉恨。

嵇康虽然娶了曹氏宗室的女子，却不以姻亲之便为自己谋取一官半职，更不因司马氏的政治压力而进入仕途。相反，他选择了另外一种生活态度，跟随自己的闲情，修身养性，崇尚明志无为。他写了《养生论》《释私论》等文章，表达了自己的人生志趣。嵇康不为官职所束缚，所以能够超然地悠游竹林、鸣琴唱和，成为当时的传奇：

康尝采药游山泽，会其得意，忽焉忘返。时有樵苏者遇之，咸谓为神。至汲郡山中见孙登，康遂从之游。康临去，登曰：“君性烈而才隽，其能免乎！”康又遇王烈，共入山，烈尝得石髓如饴，即自服半，余半与康，皆凝为石。又于石室中见一卷素书，遽呼康往取，辄不复见。烈乃叹曰："叔夜志趣非常而辄不遇，命也。"其神心所感，每遇幽逸如此。

◎ 嵇康抚琴

嵇康采药山泽，每当感觉意趣得到充分满足，便忘记了返回。时时有砍柴的樵夫遇上他，都称他为神人。有一次嵇康来到汲郡的山里，遇见了著名的修仙隐士孙登，于是追随他一起前行。嵇康要离开的时候，孙登说"你这样性情刚烈，又才华出众，怎么能在乱世中幸免呢！"孙登的意思是本来有才能的人就容易招来祸患，而像嵇康这样性情刚烈的，更容易触犯他人，孙登果然一语成谶。

后来嵇康又遇到了王烈，他们一起进山。王烈曾经得到像饴糖一样的石髓，老人服用后齿发更生，病人服用后会痊愈，平常人服用之后能成仙。王烈马上自己吃了一半，剩下一半留给嵇康，可是嵇康拿到的石髓却马上凝固成了石头，说明他仙缘不够，不能成仙。王烈又在石室中看到一卷白色的书，那是一本写在绢帛上的仙书，就马上叫嵇康去拿，可是书马上又不见了。王烈于是叹息道："叔夜的志向与情趣都不平常，却总是不能遇上成仙的契机。这真是命运啊！"

嵇康的求仙不成功是没有仙缘的表现，但是他能够遇到这些事情，已经非常难得了，是只有像他那样志趣的人才能够遇到的。所以即使没有仙缘，只要能够一心向往，也往往会有不可思议的遭遇。

嵇康虽有志于养生、修仙和隐逸，但司马氏的残暴使耿直的他无法保持沉默。当司马氏弑杀曹髦之后，嵇康终究还是写下了《难自然好学论》如此峻切的篇章，公开嘲讽司马氏集团的虚伪说教，同时还无比尖锐地讥刺了那些名教礼法之士。他在文中写道："今但愿守陋巷，教养子孙，时与亲旧叙离阔，陈说平生，浊酒一杯，弹琴一曲，志愿毕矣。"在种种现实的黑暗面前，嵇康展现出了傲然不屈的伟岸风姿。他在痛苦中选择了超脱，选择跟随自身的闲情，放弃对现实政治的参与，仅以文字表达心绪。于是诸多怪诞行为由此而生，这不仅是对丑恶现实的一种反抗，也是对自身的一种救赎。

嵇康的朋友山涛升职后曾经举荐他做官，但是嵇康愤怒地写出一封绝交书以示自己的决心。书中公开批评司马氏"非汤武而薄周孔"，使得司马氏极为恼怒，嵇康在政治上保持非常坚持的抵触态度，得罪了当权者，也导致了他一生坎坷。最后被司马氏找了个借口将他处死：

康将刑东市，学生三千人请以为师，弗许。康顾视日影，索琴弹之，曰："昔袁孝尼尝从吾学《广陵散》，吾每靳固之，《广陵散》于今绝矣！"时年四十，海内之士，莫不痛之。

嵇康就要在东市受刑，有三千名太学生想拜嵇康为老师，他没有答应，而是看了看太阳的影子，要了琴来弹，说："从前袁孝尼想拜我为师，学习《广陵散》曲，我都严守秘密没有教他，这首《广陵散》，从今以后就断绝了！"这便是"《广陵散》于今绝矣"的故事，那个时代容不下富有才华、修身养性，却又关注和抨击社会黑暗的嵇康，他的离去，是整个时代的不幸。

田园生活的闲情体验

嵇康的名气太大，政治影响和文学影响之大让当权者无法忽视他，这也是造成他悲剧命运的主要原因。而对于一般的小官员如陶渊明者来说，能够“不为五斗米折腰”，毅然归隐，躬耕南亩而终身不出仕，则是真正属于个人的毫无牵挂的归隐，而不是作秀给任何人看的。这在隐逸传统中开创了一种新的规格和气象，使陶渊明成为中国隐士史上影响最为深远的人物，没有任何人能够与他并列，陶渊明从此成为归隐最突出的符号和标志。陶渊明所作的《五柳先生传》正是对自己隐逸生活的最真切写照。

先生不知何许人也，亦不详其姓字。宅边有五柳树，因以为号焉。闲静少言，不慕荣利。好读书，不求甚解；每有会意，便欣然忘食。性嗜酒，家贫不能常得。亲旧知其如此，或置酒而招之。造饮辄尽，期在必醉；既醉而退，曾不吝情去留。环堵萧然，不蔽风日，短褐穿结，箪瓢屡空，晏如也。常著文章自娱，颇示己志。忘怀得失，以此自终。

赞曰：黔娄之妻有言：“不戚戚于贫贱，不汲汲于富贵。”极其言兹若人之俦乎？酣觞赋诗，以乐其志，无怀氏之民欤？葛天氏之民欤？

陶渊明没有使用第一人称，而是以旁观者的身份写自己的生活——这位先生不知道是什么地方人，也弄不清他的姓名。他的住宅旁边植有五棵柳树，因此就用“五柳”作为他的别号了。五柳先生安闲沉静，不好言谈，也不羡慕荣华利禄。喜欢读书，但不执着于对一字一句的琐细解释；每当读书有所领悟的时候，就会高兴得忘了吃饭。他嗜好喝酒，但因为家贫总是没酒喝。亲朋好友知道他这种境况，有时备酒招待他。他前去饮酒时总是开怀畅饮，直到大醉方休；醉后就向主人告辞，从不以去留为意。他的住室四壁空空荡荡，破旧得连风和太阳都无法遮挡，穿的粗布短衣打满了补丁，饮食简陋而且经常短缺，而他却能安然自得。常常以写诗做文章当娱乐，抒发自己的志趣。他能够忘掉世俗的得失，只愿这样度过自己的一生。

黔娄的妻子曾经这样评价自己的丈夫："不因为处境贫困而终日忧心忡忡，不为了追求富贵而到处奔走钻营。"推究她所说的话，五柳先生不就是黔娄那样的人物吗？饮酒赋诗，满足自己的志趣，这不是成了生活在无怀氏、葛天氏时代的人了吗？

陶渊明的很多观念在当时的人看来可能是离经叛道的，他喜欢读书，却不执着于章句，只要能够领会书的意蕴，就感到满足。他喜好饮酒，知道如何能够在酒中抒发闲情。他不贪慕荣华利禄，在几乎徒有四壁的家中也能自得其乐。他能够参透人世，超然物外，他的人生感悟是从闲情挥洒之中获得的。这些颇有哲理意味的文字是陶渊明留下的心灵体验，也影响了中国文化中的整个隐逸传统。

◎ 陶渊明 悠然见南山

隐逸与入仕

西汉时期，在我国的蜀郡也就是现在的四川有一位隐士，姓严，名遵，字君平。此人学识渊博，哲思玄深，品行高洁。著名的文学家扬雄是他的学生。严君平虽然德高才俊，却安贫乐道，守节自贞，坚决不出仕做官。他精通《周易》，崇尚老庄，在成都街头开了一个卦摊，以算卦为生。每日挣几个小钱，倒也足以维持生计。天天挣够了吃喝钱就关门，在家里著书，自己感到充满乐趣。他虽然隐居于市，无意为官，但由于他的学生扬雄的缘故，他的名声很大。有这样一位遗世高人在蜀郡，每一任蜀郡长官都千方百计地请他出来为官，有的甚至找到他的学生扬雄帮助劝说，但无奈谁也说服不了他。甚至有的官员想跟他认识、交往，他都不答应。

当时成都有一个富豪，名叫罗冲，他与严君平很熟。他看到严君平才高而隐于市，以为他是因为家贫，无力外出求官，就主动备了车马、行李，再加上许多银钱，来到严君平家，打算资助他离家求官。因为他知道，凭严君平的学识和才能，要求官易如反掌。罗冲带着财物来到严君平的家，对他说："以先生的品行才能，埋没在市井中太可惜了！您如果外出求官，必定是辅国之位。我知道您家境贫困，无力出行，便备下了这些东西和银钱，供您外出求官之用。请您千万不要推辞，就当作是朋友的礼物吧！"严君平看到这些东西，又听了他的一番话哈哈大笑："您怎么送东西给我？您是不足之人，我是有余之人。不足之人送东西给有余之人，这不是弄颠倒了吗？"

罗冲笑着说："先生是在开玩笑吧！我家有万金，这点财物对我来说不算什么，而先生您家里存粮不满一瓮，怎么能说您有余而我不足呢?"严君平郑重地说:"您说的不对!前些日子,我在您家里住了一宿,看见半夜时您的家人还在劳作而不休息。这样日夜忙忙碌碌,难道不是不足吗?而我以算卦为业,不用出门,钱就来了,到现在还剩余几百文钱,上面积了很厚的灰尘,我都不知道用它来做什么!这不是我有余而您不足吗?"听了这位隐者的高洁情怀,罗冲顿时感到自己太俗气了,不禁惭愧得一句话也说不出来。严君平感叹地说:"要想增加财货,必然要损害精神;要想弘扬名声,必然劳损身体。我不愿为名为利损身劳神,所以我是不会做官的。"他的这番话流传出去,人们都叹服这位道家高士的隐逸情怀。

◎(明)王世昌《高士访隐图》

唐宋时期,隐逸之风大盛。统治者和朝廷尊重文人,优待文人隐士。文人的价值观念、独立人格以及生活情趣得到重视,逐渐形成承前启后的隐逸文化。文人普遍重视道德、文章,重视人格、气节,看清功名利禄,为此隐居的文人也增多了。官场中隐于朝堂之上的人也很多,官场中亦官亦隐,淡泊明志,廉洁为官,心里却渴望归隐山林,为此净化心灵,寄托情志。由于唐宋时期经济相对比较发达,人们的生存更加容易,而隐士也有了存在的基础。因此对于隐士的存在,人们见怪不怪,唐宋时期形形色色的隐逸都能够得到成全,这恐怕是任何一个朝代都难以比拟的。

隐士和隐逸文化是中国传统文化的独特现象，隐士在隐居生活中所追求的生活方式、精神乐趣和价值理想都是与众不同的。中国古代隐士退隐主要是为了表达对政治的不满和抗议，一般来说，如果没有经济仕途方面的挫折，文人似乎也不会退隐。但是随着时间的推移，这种本来是无奈的选择却逐渐发展成一种自觉的追求，隐逸文化依托老庄哲学，成为中国古代文人创造的充满诗情画意的理想。这种理想是充满号召力的，与现实世界的功名利禄和成败荣辱没有关系，而是完全依托闲情而发展的审美理想。隐逸之所以大受欢迎，是因为中国传统文化中的审美情趣和闲情雅致几乎都集中于此。这是一种追求精神自由、重视生命意识，并且愿意沉浸于孤独寂寞之中的生命选择。

第三章

个人生活中的闲情

第一节 闲情寄丝竹
——琴棋书画

四艺的发展

当人们称赞一个人多才多艺的时候，往往会说他“精通琴棋书画”，但是现在的“琴棋书画”和古代的“琴棋书画”所代表的意义是完全不同的。古人说的琴，是一种有弦的弹拨乐器，特指那种七根弦的古琴。棋，古人单指围棋。书、画即书法和绘画。琴、棋、书、画都有悠久的历史，绵延至今已经数千年之久。根据唐代张彦远的《法书要录》记载，唐玄宗朝的何延之《兰亭始末记》之中最早将这四种艺术合在一起描述：“辩才博学工文，琴棋书画皆得其妙。”何氏赞赏僧人辩才在学问和文艺方面特别出色，文就是写文章，而琴棋书画则是属于艺术类，古人后来将四者归入“艺”的范畴，合称为“四艺”。

现在已经很难考证，“四艺”的说法最早是从什么时候开始的，从今天能见到的古人记载来看，最早提及“四艺”的应该是明末清初李渔的《闲情偶寄》，其中“声容部”提道：“以闺秀自命者，书、画、琴、棋四艺，均不可少。”李渔不但在书中详细论述了女性的外在美，还强调了其内在的修养，而这就是“琴棋书画”。他否定了“女子无才便是德”的观念，认为“才”

与“德”并无抵触。“四艺”原本是古代文人士大夫寄托闲情，用来修身养性的活动，也是他们闲情之所至的时候，为自己培养的兴趣和爱好。

明清时代连大家庭中的闺秀女子也受到了这种风气的熏陶。清代曹雪芹的《红楼梦》中贾府的四位大小姐元春、迎春、探春、惜春的丫鬟名字，都是按照主人所擅长的琴棋书画来取的。元春只在省亲一回出现过，虽没有提及她喜欢弹琴，却知其婢女名“抱琴”，估计她应该是擅长或喜爱弹琴的。至于迎春，她误嫁孙绍祖后，宝玉在迎春曾经住过的紫菱洲徘徊，随口吟诵了两句诗想念她：“不闻永昼敲棋声，燕泥点点污棋枰”，由此可见迎春从前醉心下棋，所以给她的侍婢取名“司棋”。探春精于书法，给自己取了个号叫作“蕉下客”，是从唐代书法家怀素取“蕉叶练字”的典故中来的，第二十三回中提到元春命探春依次抄录众人在大观园的题咏，自然是她的书法高于他人的缘故。她的两个丫头取名“侍书”和“翠墨”便是来源于此。惜春擅长画画，书中多处描述她在大观园绘画的情景，她的丫鬟就取了“入画”这名字。贾府四位小姐，各自擅长琴棋书画的一种，非常符合人们对富贵之家女子的美好想象。

高山流水之音

古琴是中国古代最古老的乐器之一，也是中国最早的弹弦乐器，称为“国乐之父”，在古时文人心中视为高雅的代表，琴音悠远，高山流水知音流传至今。古琴是细腻含蓄的，能够不动声色地控制轻重缓急。这就决定了它不宜作合奏乐器，只适合独奏。与古琴相和的唯有箫，箫的幽怨迷离和琴的古雅通脱糅成林下之风，超脱现实之境，而这也正是古琴为传统文人所偏好的原因所在。古琴的声音是让人迷恋的，泛音的轻灵清越，散音的沉着浑厚，按音的或舒缓或激越或凝重。演奏古琴时使用的注、猱、撞、吟等指法，让人真正体验到余韵袅袅、象外之致的味道，就好像一炷香慢慢地在空中舞蹈，且实且虚，缭绕而去，仿佛中国画中的那种水墨烟云的感觉。

◎（明）张路《听琴图》

中国历代流传着不少有关古琴的美谈。三国孔明以其过人的智慧，在空城危急之时，焚香操琴，用一派悠闲模样吓退了司马懿，“空城计”成为后世戏曲中久唱不衰的经典故事。西汉司马相如一曲《凤求凰》，赢得了卓文君的芳心，这是著名的以古琴为媒的爱情故事。汉景帝中元六年，司马相如回到蜀地，当地的富豪卓王孙正准备宴席请客，于是县令王吉邀请司马相如一起参加宴会。客人们大多被司马相如的堂堂仪表和潇洒风度所吸引，酒过三巡，王吉请司马相如弹一曲助兴。于是司马相如演奏了著名的《凤求凰》：“凤兮凤兮归故乡，遨游四海求其凰。有艳淑女在闺房！室迩人遐毒我肠。何缘交颈为鸳鸯，胡颉颃兮共翱翔！”他精湛的琴艺不仅博得了众人的赞赏，更吸引了隔帘听曲的卓文君。

卓文君是富豪卓王孙的女儿，因丈夫去世，回到娘家守寡。司马相如美妙的琴声使文君听得如痴如醉，再加上他的相貌堂堂，于是卓文君便对他有了好感。这曲《凤求凰》的歌词即使在今天看来也是相当直率、大胆、热烈的求爱之语，自然使得在帘后倾听的卓文君怦然心动，并且在与司马相如会

◎ 文君听琴

面之后一见倾心，双双约定私奔。当夜，卓文君收拾细软走出家门，与早已等在门外的司马相如会合，从而完成了两人生命中最辉煌的事件。二人回到成都结了婚，从此一起生活。这就是有名的“文君夜奔”的故事。而这段千古佳话的大媒就是那一曲《凤求凰》。

对弈手谈之乐

棋指围棋，它伴随着儒、释、道思想和其他文化艺术，融贯于绵延千年的中华文明史。在琴、棋、书、画之中，又以围棋最为特别，因为棋不仅具有其他艺术的许多共性，诸如抒发意境、陶冶情操、修身养性等，而且下棋还与天象易理、兵法策略、治国安邦等相关联，深受文人欢迎。围棋的别名很多，并且各有来历。有人称它为“方圆”，是因为围棋棋盘为方形，棋子、棋盒为圆形；有人称它为“乌鹭”或“黑白”，是因为围棋分黑、白两色，黑子似乌鸦，白子如鹭鸶；有人称它为“坐隐”，是因为弈棋时，两人对坐，专心致志，诸事不闻不问，犹如隐居一般；有人称它为“手谈”，是因为文人下棋时，总是默不作声，仅靠一只手拈起棋子来斗智斗勇，其落子节奏的变化、放棋力量的大小等都可反映出当局者的心智，如同在棋局中以手语交谈一般，因此称为“手谈”。

围棋历史悠远，有关围棋起源的传说很多，目前公认它起源于尧帝。晋代张华《博物志》中提道：“尧造围棋，以教丹朱。”相传，上古时期尧定都平阳之后，农耕生产和人民生活一派繁荣兴旺。但有一件事情却让尧很忧虑，尧的妻子散宜氏所生子丹朱虽长大成人，却不务正业游手好闲，常招惹祸端。大禹治水不久，丹朱常常在湖中坐船游荡，家也不回，母亲的话也不听。散宜氏对帝尧说：“尧啊，你只顾忙于处理百姓大事，儿子不听话你也不管教，他以后怎么能替你干大事呢。”帝尧沉默良久，管教丹朱必须要先稳定他的性格，教他学会几样本领，便对散宜氏说：“你让人把丹朱找回来，再让他带上弓箭到平山顶上去等我。”

◎ 对弈

这时丹朱正在汾河滩和一群人戏水，尧的卫士们过来将他带上了平山，把弓箭塞到他手里，对他说：“你父帝和母亲叫你来山上打猎，你可得给父母争气啊。”丹朱心想：“射箭的本领我又没学会，怎么能好好打猎呢？”于是他怎么也不肯学习打猎。此时，帝尧从山下被人搀扶上山，衣服也被刮破了。看到父帝气喘吁吁的样子，丹朱不免有些心软，只好向父帝作揖跪拜：“父帝这把年纪爬这么高的山，让儿上山打猎，不知为何？”帝尧擦了擦汗，坐在一块石头上，问：“不肖子啊，你已经长大了，却还不会任何生活本领，将来如何生活？你看土地如此宽广，山河如此美好，你为何不好好学学治理国家呢？”丹朱眨了眨眼睛说：“这山上并无飞鸟走兽，我怎么能打到动物呢？天下百姓都听您的话，土地山河也治理好了，哪里需要儿子再替您操心呀。”

帝尧一听丹朱如此不思上进，只得叹了一口气说：“你不愿学打猎，就学行兵征战的石子棋吧，石子棋学会了，也很有用处。”丹朱听父帝不再叫他打猎，而改学下石子棋，心里稍有转意，“下石子棋还不容易吗？坐下一会儿就学会了。”丹朱扔掉了箭，要父亲立即教他。帝尧说：“一朝一夕如何能学成，你得肯学。”说着拾起箭来，用箭头在一块平坡山石上用力刻画了纵横十几道方格子，又让卫士们捡来一大堆山石子，分给丹朱一半，手把手地将自己在率领部落征战过程中如何利用石子表示前进后退的作战谋略，传授讲解给丹朱。围棋就是这样发明的。

宋代的罗泌在《路史后记》中也记载了这个故事，但是稍有不同。尧娶妻富宜氏，生下儿子丹朱。丹朱行为不好，尧至汾水之滨，见二仙对坐翠桧，划沙为道，以黑白行列如阵图。帝前问全丹朱之术，一仙曰：“丹朱善争而愚，当投其所好，以闲其情。”指沙道石子：“此谓弈枰，亦名围棋，局方而静，棋圆而动，以法天地，自立此戏，世无解者。”于是尧根据仙人的指点创造了围棋。丹朱学了下棋之后，果然有了长进，不再像以前那样浑浑噩噩了。

围棋不仅仅在文人名家流传，后来也流传到民间，一般人家也能学习围棋，在平时生活中对弈游戏，抒发闲情。王积薪是唐代棋坛的第一国手，生于武则天时期，家庭出身贫寒,父母早亡,从小以砍柴谋生。他十分勤劳,砍下的柴草堆积如山,故以“积薪”为名。那时佛教盛行,山林中寺庙颇多,庙中僧人也常下围棋。王积薪上山砍柴,每遇僧人下棋,就在一旁观摩,兴趣盎然。他很快学会了下棋,并和僧人对弈起来。僧人见他聪明好学,进步很快,便送给他棋图和《弈棋经》,鼓励他继续学棋。王积薪也不负众望,成为一代围棋名家。

天宝十五年,唐玄宗因安禄山造反,逃往四川。王积薪也跟了去。途中,一天夜晚,王积薪借宿在一位老妇人家的屋檐下,听得屋内老妇人和她的媳妇躺在床上对话:“夜很长,一时也睡不着,咱们来下盘围棋吧!”王积薪好不奇怪:“屋里没有灯,躺在床上怎样下围棋呢?”便侧耳细听。“起东南九放一子。”媳妇说,“东五南十二放一十。”老妇人回答。“起西八南十放一子。”“西九南十放一子。”……两人这样你一句我一句,一共下了三十六着棋。忽听老妇人说:“你输了。我胜了九路。”王积薪闻言惊异不止,在乡村里竟有这样天才的女棋手,不用棋盘、棋子,只是凭空想象,就能下出这样的妙棋,他自叹不如。

◎ 王积薪学棋

天亮后,他走进屋里,向老妇人请教说:“夜里听得你们口说下棋,十分钦佩,可否给我指教一番?”老妇人便叫王积薪摆出棋盘棋子来，由媳妇给他一一讲解昨夜下的那局棋。王积薪才发现了这盘棋中的奇妙之处，便把它叫作“邓艾开蜀势”，带回去认真研究，大受教益，棋艺更进一步。

浓墨重彩之意

书、画虽然是两种艺术形式，但它们却是密不可分的。中国的文字由象形文字发展而来，早期有甲骨文、金文，现在能看到的有刻在龟甲上的甲骨文，也有青铜器上的铭文。先秦时期字体逐渐统一，人们用刀把字刻在竹简上，有篆书、小楷等，汉以后主要用毛笔书写，有隶书、魏碑、楷书、行书、草书、宋体等各类字体，大大丰富了书法艺术，一直流传至今，长盛不衰。

书画同源，都源于象形文字。没有独特的汉字就不会有书法和国画艺术。汉字重形体，以形体表意义。以简单的笔、墨为书写工具，一段安着一撮动物须毛的竹管，蘸上浓黑的汁液，在纸上涂抹一番，就能创造一幅幅灵动传神的美术作品。中国的绘画艺术不像西方绘画细致写实描摹，而更注重主观情感的表现。所以国画中最有特点的不是工笔，而是“写意”，注重“留白”和意境。书法也是一样，同样的汉字不仅可分为各种字体，而且不同的人写出来，面貌各异，却并不妨碍识别。这是因为汉字本身就是一种艺术，书画家在创作时，必然融进自己的情感，表现出自己的个性和风格。所以从某种意义上说，书法、绘画同诗歌一样，是一种抒写情怀的载体。

中国的书画艺术是中华民族所独有的形式，再没有其他任何民族能将他们的文字变成如此博大的艺术。古人常说：

“**诗中有画，画中有诗**”，因为诗人和书画家将他们的创造力投入作品之中，表达出来的闲情逸致在根本上是一致的。纯客观地写景状物写不出好诗；同样，仅仅达到形似，也画不出好画；仅仅做到正确地书写字形，只能叫写字而不能叫书法。从诗、书、画的共同特征可以看出，中华民族的各种艺术形式中，以抒情类艺术最为发达，中华民族是一个情感丰富，并且善于表达和抒发闲情的民族。

北宋末年的著名书画家米芾，是一个豪迈放达的人。他狂放不羁，人称“米颠”。他也欣然接受，在自己的书画作品上以“颠”落款，流传后世。这个名号的来历颇有意思。话说宋徽宗当政时期，不但自己沉迷于书画，还创办了翰林图画院，供养了一百多位书画家，专为皇室作画。米芾也是当时的书画名流之一。一日，徽宗宣米芾进宫，命他在屏风上书《周官篇》。当时，许多朝臣都在场观艺。米芾拿起御笔，在一方御砚中探笔润墨，他突然发现，这方御砚涩而不滞，养墨不干，不知是何处进贡的上用珍品，顿时心生喜爱之情。

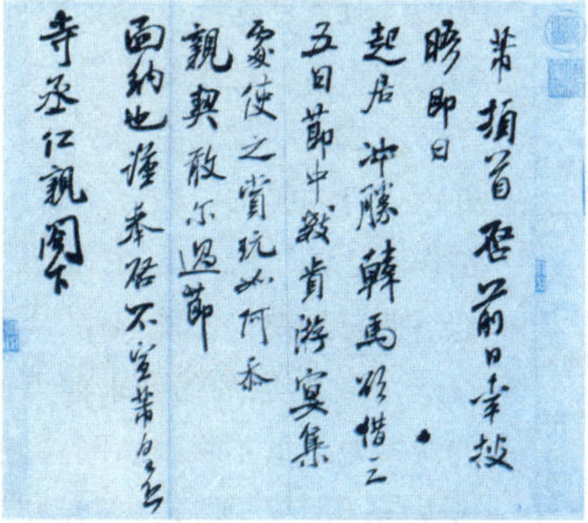

◎ 米芾书法

米芾凝注心神，运笔如飞，须臾写毕，大殿内的朝臣齐声喝彩，都说：“米氏之书，果有二王遗风。”二王是指晋代的书圣王羲之和其子王献之，他们被奉为书界圣贤。可米芾写字，追求独特的风格，绝不模仿任何前人，因此他对群臣的评价很不满意，把笔一摔，也不顾君前失礼，说：“**一扫二王恶风，照辉宋王万古。**”徽宗皇帝听了这话非常高兴，他素来喜欢米芾的豪放性格，便问米芾想要什么赏赐，米芾答道："臣不要高官厚禄，只求方才所用的端砚。"徽宗于是将那方端砚赐给了米芾。

对于一个痴迷书画和金石的人来说，能得到一方稀世宝砚，实在是如获至宝。米芾赶忙跪倒谢恩，拔腿就往放砚台的御案前跑，匆忙之下，一只脚踩到另一只脚的脚后跟上，差点摔了一跤。他跑到御案前，一把抓过御砚就往怀中放，满满一砚的墨汁顺着他的身子往下淌，一直淌到脚上，弄得浑身上下一片墨迹。众人看了大笑不止，他却如三岁小儿一样，毫不在乎别人的反应，高兴得直跳。徽宗见此情景大笑不止，随口说："好个米颠！"米芾听了这话，又转过身来，一本正经地向徽宗叩谢道："谢主赐号！"从那以后，米芾便以"米颠"为号，流传后世的作品落款都署"米颠"。

我国的国画历来以写意为主，历史上的著名画家，多以写意著称于世。他们追求的是"得其意忘其形"的境界，只追求形似的画家和作品一般会被视为下品，神似才是作品获得生命力的根本。甚至有传说，画上的景物能够因为神似而获得生命变成了活物。南北朝时梁武帝信崇佛教，建了许多寺庙，并大兴寺内装饰。在金陵安乐寺，著名画家张僧繇进行壁画创作。他画了四条白龙，却没画眼睛。人们很奇怪，都去问他。他总是说："不能点睛，点睛它就会飞走了。"大家都认为这是无稽之谈，纷纷要求他点上眼睛。张僧繇无奈，就给其中的两条龙点上了眼睛。刚刚画完，雷电忽作，炸破墙壁，这两条龙腾飞而起，乘云飞上天去，只剩下两条没点睛的龙还留在墙上，这就是著名的"画龙点睛"的故事。

唐代书法家张旭，以草书闻名于世，曾观看公孙大娘舞剑，受到启发，使自己的草书更流畅多变、狂放恣肆，被称为

“草圣”。唐代大画家吴道子，只在兴致高昂之时挥毫作画，乘兴而为，使自己的画作更具有意蕴。开元年间，吴道子作为唐玄宗的待诏，随驾到洛阳。在那里他见到了自己的老师张旭和舞剑名家裴将军。裴将军之母刚去世，因此他想以金帛为酬，请吴道子在洛阳天宫寺画几幅壁画，为母祈福。吴道子知道他是剑术高手，想一睹他的舞剑神技，就说：“我的老师张旭曾有幸观看公孙大娘舞剑，从她那美妙的舞姿中受益颇多，书法也因此更进一步。我不要金帛，只想在作画之前观赏一次您的剑术，只是不知您能否答应？”

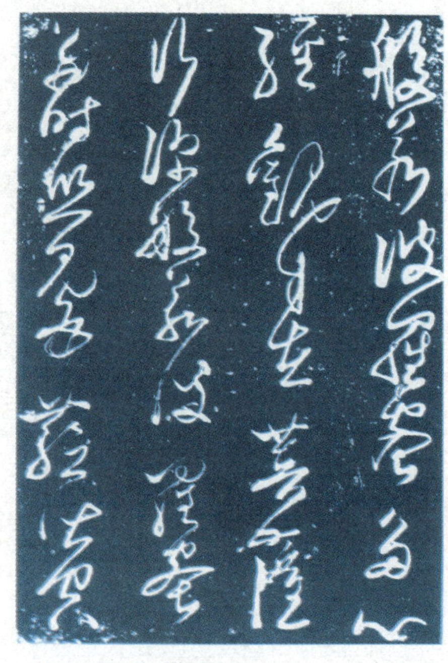

◎ 张旭草书拓片

裴将军欣然换上便装，手提青龙宝剑，为吴道子舞起剑来。他英姿勃勃，静若处女，转若游龙，跃如猛虎，刚柔交织。吴道子看得心中激荡不已，乘兴拿过笔墨，挥毫涂壁，笔走龙蛇，与裴将军的剑意气势相和，将一幅《佛像图》一气呵成。那佛像若即若飞，飘逸俊秀，令人叹为观止。张旭也激动不已，乘兴挥笔，写下一幅壁书。那幅字写得如龙飞凤舞，似飞瀑流泉，一气贯下，无隙可乘。一时间，三人相视大笑。他们的配合达到了完美的境界，被洛阳人称为“三绝”。

清代画家郑板桥以画竹闻名，所画之竹风格独特，别有意

◎ 郑板桥墨竹

趣。一次郑板桥带着几个衙役出游符山，一路上登山赏景，来到山顶的“飞燕阁”。一位老道士见他举止不俗，就请他到后殿用茶。闲谈中，老道士才知道他就是大名鼎鼎的画家郑板桥，便请他为道观的殿阁作画。郑板桥兴致正高，便展纸挥毫。顷刻，半杆竹子便跃然纸上。这时，一群飞燕从头顶飞过，郑板桥抬头看时，只见大殿后壁上有一幅巨大的壁画，画上群燕飞舞，千姿百态。郑板桥凝神细看才发现，真燕与画燕混杂，难辨真假。道士又告诉他曾有一只老鹰误认为画中飞燕是真，一跃而下，结果撞墙而死。郑板桥对这无名氏的飞燕图赞叹不已，自愧不如，便在自己的半杆墨竹画上题诗一首：“枉为江南一画师，墨竹难移齐鲁地。飞燕凌空讥半竹，惊叹不及无名氏。”写完，他告辞而去，留下了“飞燕凌空讥半竹”的诗句和一段美妙佳话。

第二节 夜雨剪春韭
——饮食文化

食不厌精的饮食追求

如果说琴棋书画是个人生活闲情中比较“雅”的部分，那么饮食玩乐则是生活闲情中比较“俗”的部分。这里的饮食并不指填饱肚子而进食，而是指中华民族博大精深的饮食文化。子曰：“食不厌精，脍不厌细。”中国饮食文化要求色香味俱全，讲究五味调和。李渔作《闲情偶寄》，专门辟出“饮馔”一章，细说各种食材、烹饪方式。而且饮食文化没有阶级之分，不管是高官豪门还是寻常百姓，甚至路边乞丐，都有自己的美食文化。无论是充满野趣的“叫花鸡”，还是精心烹制的“茄鳌”，最后都成为饮食文化中的一份子。而袁枚所作的《随园食单》中，分为须知单、戒单、海鲜单、江鲜单、特牲单、杂牲单、羽族单、水族有鳞单、水族无鳞单、杂素单、小菜单、点心单、饭粥单和茶酒单十四部分。可见中国的饮食文化不管是食材、口味，还是烹饪方式，都非常丰富，让人们有充分的选择余地。

“民以食为天”，人们对饮食的追求可以说是无限的，在文人笔下，饮食就成了雅事。中国人善吃、好吃，中国菜世界闻名。中国人过年的时候最重要的节目就是吃。一到冬季，尤其是孩子们都日夜盼望过年，因为，平时很少吃到的东西这几天都会敞开供应。此外，大部分节日也往往跟饮食相关，正月十五吃元宵，清明又称寒食节，端午节要吃粽子，中秋节有月饼，重阳节有重阳糕，腊八节要喝腊八粥。饮食的记忆往往是最深刻的，到了某个节日，就会自然想起某一种食物和相应的味道。

春秋末期吴国的公子光欲杀吴王僚自立，伍子胥为他介绍了刺客专诸。专诸不愧是中国四大刺客之一，他花了数月时间跟踪吴王，终于发现王最爱"炙鱼"。于是，专诸遍访名师，用三个月时间向太湖附近一位精于此道的师傅学习烤鱼。名师出高徒，吃过专诸烤鱼的人均赞不绝口。四月的一天，好戏拉开大幕。公子光对吴王僚说，家里有个特别会做烤鱼的师傅，请其过府品尝。僚思索再三还是欣然前往。酒过三巡，烤鱼做好了，香味蔓延到大殿的每一个角落。当垂涎欲滴的吴王僚正要下筷时，一柄锋利无比的短剑以迅雷之势自鱼腹中抽出，穿过吴王僚那号称坚不可摧的铠甲直入其心脏。吴王应声倒地的刹那，中国著名刺客、烤鱼师傅专诸也壮士不归。

东晋襄阳人罗友生性好吃贪杯，是当时有名的美食家。据《世说新语》记载：

罗友作荆州从事，桓宣武为王车骑集别，友进坐良久，辞出。宣武曰："卿向欲咨事，何以便去？"答曰："友闻白羊肉美，一生未曾得吃，故冒求前耳，无事可咨。今已饱，不复须驻。"了无惭色。

罗友恭恭敬敬地到桓宣武那去拜谒，就是要咨询一下白羊肉的味道。吃饱之后，他满足地退下，脸上丝毫没有惭愧的神色。因为对于爱吃之人来说，为了品尝新的味道做出的举动是理所当然的。

西晋著名的文学家张季鹰，本名张翰，号称“江东步兵”，与阮籍齐名。据《世说新语》记载，此人旷达不拘，做人非常潇洒。关于他的故事中，最有名的就是“莼鲈之思”了：

张季鹰辟齐王东曹掾，在洛，见秋风起，因思吴中莼菜羹、鲈鱼脍，曰：“人生贵得适意尔，何能羁宦数千里以要名爵！”遂命驾便归。俄而齐王败，时人皆谓见机。

张季鹰调任齐王的东曹属官，在首都洛阳，他看见秋风起了，便想吃老家吴中的莼菜羹和鲈鱼脍，说道：“人生可贵的是能够顺心罢了，怎么能远离家乡到几千里外做官，去追求名声和爵位呢！”于是坐上车就南归了。不久齐王战败，当时人们都认为他抓住了退隐的时机。

“人生贵得适意尔”，这是张季鹰的感慨，也是他的一大人生追求。生活得舒服开心，能够顺从自己的意愿，其实不管是古代还是现在，都是很难得的。人生不如意事十之八九，在这种以“不如意”为主导的生活中，人们能做的可能也只有尽量满足自己的口腹之欲，以面对更严峻的生活挑战。前文说闲情是支持人们生活的力量，道理也是一样的。

文人的饮食故事

北宋文豪苏轼，一生仕途坎坷，因此他将自己的学识智慧投入在文学创作和生活闲情之中。他有很多关于饮食的评论，还发明了一些新的食物，如“东坡肉”“东坡鱼”等。苏轼号东坡，四川眉州人，甚至现在还有名为“眉州东坡”的川菜馆子，可谓对这一老饕绵延至今的纪念。传说苏轼被贬黄州的时候，闲来无事常亲自下厨，某日友人来访，他便买了不少猪肉待客。黄州物产丰富，粮多猪多，因此肉价便宜。他将猪肉下锅炖上，便和友人下棋去了，哪知棋逢对手，当他想起锅里的炖肉，匆匆忙忙跑到厨房时，原以为一定烧焦的猪肉，却发出扑鼻的香气，且色泽红润，汁浓味醇，糯而不腻。自此，这道东坡肉不仅经常登上苏大学士的餐桌，也成就了其美食家的大名。为此，他还专门作了一首《猪肉颂》，向世人介绍如何烹调猪肉：

黄州好猪肉，价钱如泥土。富者不肯吃，贫者不解煮。早晨起来打一碗，饱得自家君莫管。

孔子曾说："君子不食溷豚"，即君子不吃狗肉和猪肉。古代医学典籍中大医学家们对猪肉的看法虽然不同，但却异口同声地认为猪肉不可食。《本草纲目》里面提道："猪，水畜，咸寒，肉有小毒。"药王孙思邈也曾说道："久食令人少子，发宿病、筋骨碎痛之气。……南猪味厚，汁浓，其毒尤甚。"中医认为猪吃得肥胖，味道浓厚，其中的毒也多，对人体没有益处。在这种思想影响下，古人虽然养猪，但平时吃猪肉的次数却是屈指可数的。

◎ 东坡肉

苏轼这首《猪肉颂》其实就是教人如何制作猪肉的，少放些许水，最要紧的是小火慢炖。当时的猪不吃饲料，也没有瘦肉精，生长的周期长，比现在的猪肉天然多了。所以当火候到了的时候，肉香阵阵，要是能每天吃上一碗，那滋味鲜香，无可比拟。只要自己吃饱了，谁还管别人说什么“猪肉不可食”之类的话呢？这首《猪肉颂》流传甚广，而且苏轼特意使用通俗之极的语句，是真心希望天下人，至少是黄州百姓能够认识到猪肉的美味的。而人们也将这种烹调出来的猪肉称为“东坡肉”，称其为中华名菜，一直流传至今。

苏东坡晚年被贬海南岛，虽然生存条件非常恶劣，但他仍然安贫乐道，沉浸在海南虽然蛮荒却淳朴的风土人情和自然风光之中。当地有一位卖环饼的老妪，她的手艺好，环饼质量高。却因店铺偏僻，生意一直不好。老妪得知苏东坡是著名诗人，就请他为店铺作诗，宣传自己的饼店。苏东坡怜悯她生活贫苦，环饼手艺又非常了得，就挥笔写下一首咏饼的七绝：“纤手搓来玉色匀，碧油煎出嫩黄深。夜来春睡知轻重，压匾佳人缠臂金。”寥寥二十八字，勾画出环饼匀细、色鲜、酥脆的特点和形似美人环钏的形象。老妪将此诗高悬门上，借由东坡诗名，果然顾客迎门，生意兴隆。

苏轼的随笔议论之中，常有调侃人生之语，其中有一段说“吃”的，非常有意思：

有二措大相与言志，一云：“我平生不足，惟饭与睡耳，他日得志，当饱吃饭，饭了便睡，睡了又吃。”一云：“我则异于是，当吃了又吃，何暇复睡耶？”吾来庐山，闻马道士善睡，于睡中得妙。然以吾观之，终不如彼措大得吃饭三昧也。

“措大”是对贫寒读书人的称呼，这段故事是说，有两位穷酸文人在一起讨论自己的志向。其中一个说：“我这一辈子最得不到满足的，只有吃饭和睡觉。等什么时候我得志发达了，每天吃饱饭就睡觉，睡醒了就吃。”另一个说：“我就跟你不一样了，我肯定吃了又吃，哪有闲工夫睡觉呢？”苏轼来到庐山，听说当地的马道士很能睡，能在睡眠中悟道，依他看来，却不如那两个读书人领悟吃饭的精华所在。这段议论虽说讽刺意味很浓，却能看出一般人对“吃”的执着和追求。《射雕英雄传》中的北丐洪七公每每遇到好吃的东西，食指就会不受控制地抖动起来，后来竟因此误了正事，为了痛改前非，他把自己的食指剁了，却仍然改不了对美食的追求，这也是当代小说家对世人好吃的调侃。

说道食指大动，不得不提这个典故的最初来源。《左传》宣公四年中首次记载了这个故事：

楚人献鼋于郑灵公。公子宋与子家将见。子公之食指动，以示子家，曰：“他日我如此，必尝异味。”及入，宰夫将解鼋，相视而笑。公问之，子家以告。及食大夫鼋，召子公而弗与也。子公怒，染指于鼎，尝之而出。公怒欲杀之，公子宋与公子家谋先，遂杀灵公。

春秋时期，郑国的大臣子家和子公去拜见郑灵公。在宫殿外面子公突然食指大动。子公对子家说：“今天有美食可以吃。”子家问其缘故。子公说：“每次我食指颤动的时候，就肯定能尝到异常的美味。”两人到了郑灵公那儿，果然，灵公正在喝楚国人赠送的甲鱼做成的汤。子家和子公相视而笑，灵公问二人笑什么，他们就把刚才子公食指大动的情况告诉了郑灵公。灵公一听很不高兴，给大家分甲鱼汤的时候，唯独不给子公。子公因此非常恼火，直接将手指伸到盛汤的鼎中，尝了尝味道便扬长而去。郑灵公对这种挑衅的行为更加愤怒，想要杀他。子公也明白这次“染指”是要付出代价的，便先下手为强，联合子家把灵公给杀了。这可能是最早记载的以美食为导火索而造成的政局变动，可见早在春秋时期，人们就极其重视口腹之欲了。

持蟹赏菊的雅趣

◎ 大闸蟹

螃蟹为中国人无限推崇的美食。相传几千年前，江湖河泊里有一种双螯八足、形状凶恶、带厚厚甲壳的虫子，不仅偷吃稻谷，还会用螯伤人，故人们都叫它“夹人虫”。后来，大禹到江南治水，派壮士巴解督工。“夹人虫”的大量存在严重妨碍工程进度。于是巴解想出一法，在城边掘条围沟，往沟里灌进沸水。夹人虫过来之后，就此纷纷跌入沟里烫死了。烫死的夹人虫浑身通红，发出一股诱人的鲜美香味。巴解好奇地把甲壳掰开来，一闻香味更浓，便大着胆子咬一口，谁知味道鲜香，还有自然的咸味，比什么东西都好吃，于是曾经为人所恐惧的害虫一下成了家喻户晓的美食。后人为了感激敢为天下先的巴解，便用解字下面加个虫字，称夹人虫为“蟹”，意思是巴解征服夹人虫，是天下第一食蟹人。鲁迅先生曾称赞道：“第一次吃螃蟹的人是很可佩服的，不是勇士谁敢去吃它呢？”正是第一个吃螃蟹的勇士，才让中国人认识到这种难得的食材。

晋朝人毕卓曾任吏部郎，常常因为饮酒而误了工作。一天，毕卓酒醉后回到家，晚上路过邻居的房前，闻到屋中扑鼻而来的浓浓酒香，便翻墙进去，到酒瓮边偷酒喝。正在畅饮之时，被主人发现了。主人认出是毕吏部，立即邀请他一起在酒瓮旁尽情豪饮，一醉方休。毕卓饮酒之时，最喜欢吃蟹螯佐酒。螃蟹的两螯肥大丰满，风味独特，是佐酒的妙品。毕卓深知这一点，曾说：“右手持酒杯，左手持蟹螯，拍浮酒船中，便足一生矣。”宋代梅尧臣也在诗中说：“可以持蟹螯，逍遥此居室。”

明末清初时的文人张岱回忆自己年少之时风流放达的生活，写成了《陶庵梦忆》一书，在其中的《蟹会》一节中，他回忆了以前与同伴吃蟹饮酒的往事。蟹是难得的不需要加任何调料加以调味就能够五味俱全的食物，也经常成为宴席的主角。食蟹、饮酒、赏菊，都是秋天的赏心乐事。

食品不加盐醋而五味全者，为蚶、为河蟹。河蟹至十月与稻粱俱肥，壳如盘大，坟起，而紫螯巨如拳，小脚肉出，油油如螾愆。掀其壳，膏腻堆积，如玉脂珀屑，团结不散，甘腴虽八珍不及。一到十月，余与友人兄弟辈立蟹会，期于午后至，煮蟹食之，人六只，恐冷腥，迭番煮之。从以肥腊鸭、牛乳酪。醉蚶如琥珀，以鸭汁煮白菜如玉版。果瓜以谢橘、以风栗、以风菱。饮以玉壶冰，蔬以兵坑笋，饭以新余杭白，漱以兰雪茶。由今思之，真如天厨仙供，酒醉饭饱，惭愧惭愧。

风雅的茶文化

说到吃，不得不提到喝，除了上文说过的饮酒之外，中国最出名的饮料莫过于茶了。中国人何时开始饮茶，最早谁发明了茶叶，这些问题已经无法考证了。但中国为茶之乡是当之无愧的。陆羽的《茶经》记载了唐朝之前文人饮茶的盛况：“茶之为饮，发乎神农氏，闻于鲁周公，齐有晏婴，汉有扬雄、司马相如，吴有韦曜，晋有刘琨、张载、远祖纳、谢安、左思之徒，皆饮焉。”从汉朝直到今天，茶不仅是中国文人最为喜爱的饮料，也走进了千家万户，并且东流至日本，西传到欧洲。茶的种类按照制作方法分为绿茶、红茶、乌龙茶、花茶、沱茶、砖茶等，其中又分为不同品种。茶可俗可雅，即能通过严苛细致的制作方法登上大雅之堂，又能跟随朴素粗犷的传播方式进入穷苦之家。在中国，不管什么样的家庭，总要备点茶叶待客。作为开门七件事“柴米油盐酱醋茶”中的最后一事，却并非生存必需品的茶叶，是中国人重视闲情生活的象征，扮演着不可替代的角色。

◎ 饮茶图

一撮干制的植物叶子，一壶开水，就能冲出碧绿清澈、浓淡适宜，清香扑鼻、爽口润喉、回味悠长的茶汤。这些产地不同，制作方式不同的茶叶，成为不可或缺的生活用品。中国的待客茶说明饮茶并不单单为了解渴充饥，而是一种充满闲情的生活习惯。品茶时放松心情，感受生活的美好，才是茶叶之所以为文人大众喜爱的根本原因之一。每一种茶叶都有自己的传说，这些传说最终成为中国文化的一部分。

对于享用茶的人来说，重要的是如何冲泡茶叶，从而制作出令人心旷神怡的茶水。泡茶有三个关键，一是水，一是器皿，一是茶叶本身。文人或富贵之家对泡茶用的水是非常讲究的，陆羽曾在《茶经》中明确指出：“其水，用山水上，江水中，井水下。”一般说来，天然水中，泉水是比较清净的，杂质少，透明度高，污染少，水质最好。但是，由于水源和流经途径不同，其溶解物、含盐量与硬度等均有很大差异，所以并不是所有泉水都是优质的。那些经过层层石头析出地表的泉水，清澈甘甜，乃是泡茶的绝佳之选。除了用水自然，收集雨水、雪水泡茶也是极其风雅之事。

冲泡茶叶，除了好茶、好水，还要有好的器皿。冲泡花茶，一般常用较大的瓷壶，然后斟入瓷杯饮用。炒青或烘青绿茶，多用有盖瓷杯。乌龙茶宜用紫砂茶具。西湖龙井、君山银针、洞庭碧螺春则选用无色透明玻璃杯最为理想。品茗绿茶类，不论用何种茶杯，均宜小不宜大。用大杯则水量多，热量大，容易使茶叶烫熟，影响茶汤的色香味。上班族常用保温杯泡茶，这种杯只适合泡乌龙茶或红茶，不宜泡绿茶。对于古人泡茶，在《红楼梦》中，有一段非常丰富有趣的描写：

当下贾母等吃过了茶，又带了刘老老至栊翠庵来。贾母道："我们才都吃了酒肉，你这里头有菩萨，冲了罪过。我们这里坐坐，把你的好茶拿来，我们吃一杯就去了。"宝玉留神看他是怎么行事，只见妙玉亲自捧了一个海棠花式雕漆填金"云龙献寿"的小茶盘，里面放一个成窑五彩小盖钟，捧与贾母。贾母道："我不吃六安茶。"妙玉笑说："知道。这是'老君眉'。"贾母接了，又问："是什么水?"妙玉道："是旧年蠲的雨水。"贾母便吃了半盏，笑着递与刘老老，说："你尝尝这个茶。"刘老老便一口吃尽，笑道："好是好，就是淡些，再熬浓些更好了。"贾母众人都笑起来。然后众人都是一色的官窑脱胎填白盖碗。

那妙玉便把宝钗黛玉的衣襟一拉，二人随他出去。宝玉悄悄的随后跟了来。只见妙玉让他二人在耳房内，宝钗便坐在榻上，黛玉便坐在妙玉的蒲团上。妙玉自向风炉上煽滚了水，另泡了一壶茶。宝玉便轻轻走进来，笑道："你们吃体己茶呢!"二人都笑道："你又赶了来撤茶吃！这里并没你吃的。"妙玉刚要去取杯，只见道婆收了上面茶盏来，妙玉忙命："将那成窑的茶杯别收了，搁在外头去罢。"宝玉会意，知为刘老老吃了，他嫌腌臜不要了。又见妙玉另拿出两只杯来，一个旁边有一耳，杯上镌着三个隶字，后一行小真字，是“王恺珍玩”；又有“宋元丰五年四月眉山苏轼见于秘府”一行小字。妙玉斟了一杯递与宝钗。那一只形似钵而小，也有三个垂珠篆字，镌着“点犀斝”。妙玉斟了一杯与黛玉，仍将前番自己常日吃茶的那只绿玉斗来斟与宝玉。宝玉笑道：“常言‘世法平等’：他两个就用那样古玩奇珍，我就是个俗器了？”妙玉道：“这是俗器？不是我说狂话，只怕你家里未必找的出这么一个俗器来呢！”宝玉笑道：“俗语说：‘随乡入乡’，到了你这里，自然把这金珠玉宝一概贬为俗器了。”妙玉听如此说，十分欢喜，遂又寻出一只九曲十环一百二十节蟠虬整雕竹根的一个大盏出来，笑道：“就剩了这一个，你可吃的了这一海？”宝玉喜的忙道：“吃的了。”妙玉笑道：“你虽吃的了，也没这些茶你遭塌。岂不闻一杯为品，二杯即是解渴的蠢物，三杯便是饮驴了。你吃这一海，更成什么？”说的宝钗、黛玉、宝玉都笑了。妙玉执壶，只向海内斟了约有一杯。宝玉细细吃了，果觉轻浮无比，赏赞不绝。妙玉正色道：“你这遭吃茶，是托他两个的福，独你来了，我是不能给你吃的。”宝玉笑道：“我深知道，我也不领你的情，只谢他二人便了。”妙玉听了，方说：“这话明白。”

黛玉因问：“这也是旧年的雨水？”妙玉冷笑道：“你这么个人，竟是大俗人，连水也尝不出来！这是五年前我在玄墓蟠香寺住着，收的梅花上的雪，统共得了那一鬼脸青的花瓮一瓮，总舍不得吃，埋在地下，今年夏天才开了。我只吃过一回，这是第二回了。你怎么尝不出来？隔年蠲的雨水，那有这样清淳？如何吃得！”

贾府中一个小小的尼姑庵，饮茶的器具便是官窑古董，世上精巧难觅。用水更是存积的雨水、雪水，古代空气污染少，降水自然是洁净清纯的，而这样奇巧精致的方式冲泡出的茶水，也只有拥有闲情高趣的妙玉才能制得出来，宝黛才能有资格品尝，村妇刘姥姥就无法品出其中妙趣了。

第三节 闲情狎鱼鸟
——花鸟虫鱼

欣赏花木之美

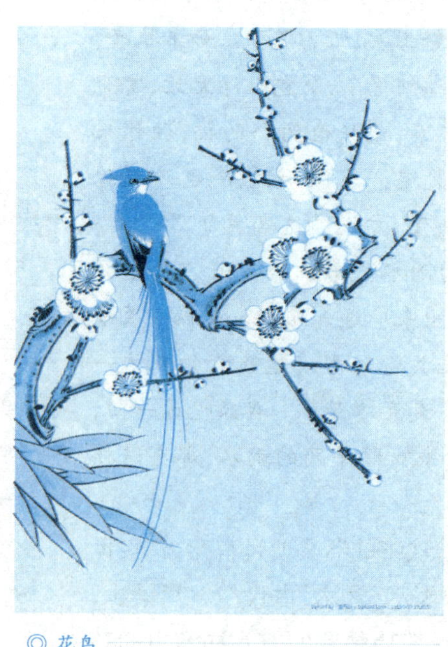
◎ 花鸟

既然闲情是一种由于审美的吸引而产生的情感，那么美好的事物，如花鸟虫鱼自然就成为人们赏玩的对象。不仅许多文人为花鸟虫鱼作文、作诗、作画，甚至种种传说中，花鸟虫鱼乃至走兽们，都有自己的精魂，能够修炼成人，同时不失动植物的特征和美感。它们是文人倾注情感的对象，是百姓大众传说故事的主角，是现实中或美丽或可爱或忠诚的动物和植物，也是人们想象中能够拥有美丽和智慧的奇特生物。

大千世界，物种繁多，人只是其中之一而已。几千年来，人类与其他物种相伴走过，日积月累，也就有了感情。花鸟虫鱼都成了人类生活中不可或缺的东西，尤其成了文人的最爱。古代文人趣味高雅、情感丰富，他们因四季的更替而悲喜，随外在风雨的变化而感伤，赋自身情感予世间万物。他们还大多喜欢由一种东西联想到更深层的东西，并借物以咏志，比如花草。文人不仅种花养花，朝夕以花草为伴，与花草对话，而且把它视为自己精神的寄托与品格的象征。

◎ 菊花

历史上，文人几乎没有不爱花的。陶渊明是典型的"菊痴"，人们想到菊，就不得不提陶渊明，想到陶渊明，就不得不想到那句"采菊东篱下，悠然见南山"，"人菊合一"的境界可谓千古绝唱。春夏时节，百花怒放，争香斗艳；至秋风乍起，落英缤纷，而花中隐士菊却悄然绽放，可谓"秋菊有佳色，裛露掇其英"。在南山下，陶渊明开垦荒地，建造茅屋，大量种植菊花，生活虽困顿，但心远自怡然。菊花不仅仅可以观赏，还可以食用，早在屈原的《离骚》中就有"夕餐秋菊之落英"；而汉魏时，人们更是广泛地吃菊花酒，喝菊花茶，相信吃菊可以长寿。但以菊花来比拟人的品格，却是源自陶渊明。陶渊

◎ 梅妻鹤子

明本是一个有骨气的诗人，他很喜欢菊花，而菊花又是一种在秋天才开的花，也很有骨气，因此人们开始拿菊花比作有骨气的文人，菊花所具有的可食性和药性反而不被人注意了。

林逋爱梅也是一绝。林逋出生于儒学世家，早年曾游历于江淮等地，后隐居于杭州西湖孤山之下。他躬耕农桑，并以植梅养鹤为乐，传说他终生未娶，故有“梅妻鹤子”的佳话。林逋爱梅之极，亲自植梅养梅，写出了不少咏梅佳句。其中《山园小梅》是他写梅的代表之作：

众芳摇落独暄妍，占尽风情向小园；疏影横斜水清浅，暗香浮动月黄昏。霜禽欲下先偷眼，粉蝶如知合断魂；幸有微吟可相狎，不须檀板共金尊。

这首诗不仅把幽园中独自盛开的梅花的清影和神韵写绝了，而且还把梅品、人品融会到一起，其中“疏影”“暗香”两句，更成为咏梅的千古绝唱，引起了许多文人的共鸣。

梅花在冰天雪地里傲然吐蕊，是百花之中的勇者。中国人对花的爱流于随意，唯独对梅不同，不但看，还要赏，还要探，还要寻。因为梅不仅有着铮铮铁骨，不惧严寒，而且迎冰雪而独香，自得其乐，不媚俗、不招摇。梅以其特有的幽香吸引着众多的文人墨客，留下了千古名句。更有文人以梅花入画，作品如梦如幻，美不胜收。而千古奇文《红楼梦》中最美的一个场景就是对“宝琴抱梅”的描写了：

四面粉妆银砌，忽见宝琴披着凫靥裘站在山坡上遥等，身后一个丫鬟抱着一瓶红梅。众人都笑道:“少了两个人,他却在这里等着,也弄梅花去了。”贾母喜的忙笑道:“你们瞧,这山坡上配上他的这个人品,又是这件衣裳,后头又是这梅花,像个什么?”众人都笑道:“就像老太太屋里挂的仇十洲画的《双艳图》。”贾母摇头笑道:“那画的那里有这件衣裳?人也不能这样好!”一语未了,只见宝琴背后转出一个披大红猩毡的人来。贾母道:“那又是那个女孩儿?”众人笑道:“我们都在这里,那是宝玉。”贾母笑道:“我的眼越发花了。”说话之间,来至跟前,可不是宝玉和宝琴。

宝琴身着野鸭子毛做成的凫靥裘,华美动人,丫鬟抱着一瓶红梅,在雪地上遥遥相望,比图画更美丽动人。曹雪芹的高明之处在于,他并没有写宝琴的容貌如何秀丽,衣服如何华丽,梅花如何动人,而是单单以《双艳图》做比,给读者留下无穷的想象空间。在这部“万艳同悲”的书中,人们记住的除了悲,还有那惊鸿一瞥的美丽。花开花落几春风,花之所以如此动人,除了它自身的美丽,应该还因为它只有一季的短暂生命吧。

早在《诗经》之中,就有对莲花的记载。中国画以荷花作为夏天的标志,瓷器、地毯和戏服上也常绘有荷花。自古以来,中国人便喜爱莲,荷花盛开是丰收的预兆,也是夏天有代表性的美丽景色,它还被视为洁身自好、不同流合污的高尚品德的象征,因此有“莲生淤泥中,不

◎ 莲花

与泥同调”。在中国文学里,与莲有关的诗词歌赋,不计其数。但最为人所称道的,还是宋代理学的创始人周敦颐的《爱莲说》。因为爱莲,他曾亲自率领属下在旧南康府署一侧挖地种莲,名曰“爱莲池”。在《爱莲说》中,周敦颐不仅把花和各种类型的人物联系起来,更完美地概括了莲花高洁的品行。

水陆草木之花,可爱者甚蕃。晋陶渊明独爱菊;自李唐来,世人盛爱牡丹;予独爱莲之出淤泥而不染,濯清涟而不妖,中通外直,不蔓不枝,香远益清,亭亭净植,可远观而不可亵玩焉。予谓菊,花之隐逸者也;牡丹,花之富贵者也;莲,花之君子者也。噫!菊之爱,陶后鲜有闻;莲之爱,同予者何人;牡丹之爱,宜乎众矣。

文人咏花的诗句可谓所不胜数。李白的“云想衣裳花想容”,崔护的“人面桃花相映红”,韩泓的“春城无处不飞花”,岑参的“千树万树梨花开”,韩愈的“芭蕉叶大栀子肥”,李贺的“可怜日暮嫣香落,嫁于春风不用媒”,白居易的“春风桃李花开日,秋雨梧桐落叶时”,李商隐的“青楼有美人,颜色如玫瑰”,陆游的“无意苦争春,一任群芳妒”,孟浩然的“夜来风雨声,花落知多少”“待到重阳日,还来旧菊花”,杜甫的“感时花溅泪,恨别鸟惊心”“晓看红湿处,花重锦官城”,苏轼的“春深桃杏乱”“寻花花未开”“陌上花开蝴蝶飞”,李清照的“露浓花瘦”“人比黄花瘦”“应是绿肥红瘦”,辛弃疾的“惜春长怕花开早,何况落红无数”……每一句诗都倾注了文人对花的喜爱和赞美。可见花在文人心中的仪态万千、情韵悠长。

禽鸟与文人哲学

士大夫文人喜欢亲近自然,自然也爱上了鸟类,尤其是那些可观可听的禽鸟，所以他们的笔下，留下了大量的咏鸟诗，真可谓五彩缤纷，绚烂多姿。鸟儿与花儿一样，是自然界生机活力的载体。石延年写过“乐意相关禽对语，生香不断树交花”的诗句，最能体现这种境界。它象征着生命的交流，造物的无私。设想若是没有了嘤嘤鸟鸣，天空必然缺乏韵致而显得一片苍白。鸟是大自然的宠儿，湖畔水湄有了白鹤和鹭鸶，便令人感到野趣中有无限生趣；闺楼中蓄有一羽黄莺，在静境中添几分雅韵；而长廊画阁、小轩闲斋，百灵、画眉、鹦鹉百舌得一便逸兴洋洋，闲情欣欣。

《诗经》的开篇：“关关雎鸠，在河之洲，窈窕淑女，君子好逑”，就是用“关关雎鸠”开始，以水鸟起兴，表达诗人对河边采摘荇菜的美丽姑娘的纯真爱情。唐宋以来，许多著名诗人都有以鸟入诗的力作，孟浩然的“春眠不觉晓，处处闻啼鸟”，写鸟鸣点出了春日清晨的意境。王维《鸟鸣涧》中的“月出惊山鸟，时鸣春涧中”，写被月色惊动的山间飞鸟所发出的鸣声，打破了山间的静寂。杜牧的“千里莺啼绿映红，水村山郭酒旗风”；欧阳修的“百转千声随意移，山花红紫树高低”，意境清新、活泼，流露出诗人对美好自然的热爱之情。

◎ 残枝禽鸟图

晚唐文人金昌绪，本来名不见经传，但他的一首《春怨》：“打起黄莺儿，莫教枝上啼，啼时惊妾梦，不得到辽西”，万口传诵，使他声名远扬。这首诗的亮点是写了一只搅扰闺中少妇就寝的黄莺，没有它，全诗就毫无声色。明末清初文人张潮说："鸟语之佳者，当以画眉为第一。"画眉是鸟类中的"歌星"，其鸣悦耳动听，而且唱歌的态度极其认真。据观察，画眉在歌唱时低着头，一遍又一遍地唱出柔和的曲调，先来一段快板，唱完后觉得不很满意，便从头再来一遍，直到自己满意为止。画眉的鸣声音调多变而富有节奏，最常听到的叫声是"哥—来噢—"古人拟其音为"如意—如意"，因而有人称画眉为如意鸟。贾祖璋先生在《鸟与文学》一书中单独列出一节，写"文学上的画眉"。据记载，我国古代有不少文人都以养画眉为赏心乐事。到了今天，喜欢养画眉的人还是很多，每天逗鸟、遛鸟，给他们的生活增添了很多闲情。

晋朝著名诗人陶渊明，不仅爱菊，而且爱鸟。这位不为五斗米折腰而归隐南山的田园诗人，以自己需要住房之切，深深体会到鸟儿也应有个安居之地。于是，陶渊明亲自动手，在房前屋后种起树来，让鸟儿成为自己的"芳邻"。陶渊明还写了一首五言诗："孟夏草木长，绕屋树扶疏。群鸟欣有托，吾亦爱吾庐。"这说明只要人们与鸟为友，就能拥有"花影不离身左右，鸟声常在耳东西"的幽美环境。

北宋翰林学士苏东坡，平生热爱花木，珍惜禽鸟。一年，苏氏父子三人南行出川回京，舟行川江，涪州旧友送给苏东坡一只山湖名鸟。那珍禽红颌蓝脯，目光熠熠，异常秀丽，东坡爱不释手。欲留，恐它离群悲鸣；欲放，又怕它落入恶鸟之口。于是东坡感叹而赋："终日锁筠笼，回头惜翠茸。谁知声哗哗，亦自意重重。夜宿烟生浦，朝鸣日上峰。故巢安足恋，鹰隼岂能容。"字里行间，爱鸟之心跃然纸上。最后，他还是把那可爱的小鸟放归林中了。苏东坡爱鸟出自其母自小的教诲，苏母程氏生性贤淑，秉性慈祥善良，她常对儿女们说："花在树则生，离枝则死；鸟在林则乐，离群则悲。"正是由于不忘母亲的谆谆教诲，苏东坡才深知“欲观好花莫折枝，欲玩珍禽勿笼囚”的道理，成了一位爱鸟之士。

宋徽宗在汴京东北角的万寿山开湖围山造园。万寿山遍植奇花异草，景色美极了。唯一可惜的是，在园中居留的珍禽好鸟并不多，山林虽然幽静，但是一声鸟鸣都听不到，因此景致虽好，却了无生趣。宋徽宗对这种情况十分不满，当时京城里正好有一位姓薛的老人，擅长驯鸟，远近闻名，听说皇帝找人招鸟，他就毛遂自荐来到了万寿山。薛老人将鸟儿最爱吃的食物撒在地上，然后对着天空学起各种鸟鸣，声音清亮百变，模仿得惟妙惟肖。一只鸟儿听到叫声，以为是同伴在召唤，就拍拍翅膀飞来了……渐渐地，一群又一群鸟儿被老人请来“会宴”。宋徽宗并不让手下的人捕捉，而是离得远远地看着。鸟儿们叽叽喳喳一边吃一边高兴地唱着歌。饱餐一顿后，它们自由来去，一连好多天都是这样。慢慢地人们惊喜地发现，已经无须他人召唤鸟儿了，因为鸟儿们都知道了万寿山这个有山有水、有林有草的好地方，自己就会招朋引伴，把四方的鸟儿招引到园里来安家了。

公元 1323 年 4 月，元英宗下了一道圣旨，圣旨的内容很奇特，既不是赦免罪犯，也不是征兵，而是下令各家各户“释放笼中之鸟”。圣旨一出，老百姓都很惊讶，一时间，街头巷尾议论纷纷。后来，人们才知道，原来皇帝是为了保护鸟类，加速鸟儿的繁殖，才决定放出捕获的鸟儿。此时正值春夏之交，是鸟儿最佳的繁殖期。元英宗为了鼓励老百姓放鸟，还下令：每只鸟价值多少，由政府补偿给养鸟的主人。

◎ 百鸟朝凤图

于是放鸟这一天，十万只各色各样的鸟被放出笼子，它们拍打着翅膀飞上蓝天，飞回自然，百鸟齐鸣，蔚为壮观。这也许是世界上最早、规模最大的一次放生活动了。

清朝著名书画家郑板桥，曾在山东潍县当过县令。一年春天，郑板桥听说其弟在家用竹笼养画眉，很是不安。于是给他写了一封信说，你只图自己之欢悦，将可怜的小画眉囚在牢笼中，太不合情理！自古文人雅士无不爱惜珍禽异鸟，他们懂得养鸟之道——多种树，使绕屋数百株，扶疏茂密，成为鸟国鸟家。黎明时，听一片啁啾，披衣而起，引来百鸟，倏来倏往，目不暇接，这岂能是你那一笼一羽之“乐”所能比的呢？郑板桥还在信末抄录了欧阳修的一首题为《画眉》的诗。诗云：“百啭千声随意移，山花红紫树高低。始知锁向金笼听，不及林间自在啼。”人们爱鸟，更喜欢看到自由自在飞翔的鸟儿，这才是中国人的心胸和处世哲学。

闲情逗虫鱼

古人对于玩乐与消遣有着非常的热情。也正是因为对闲情的热衷，人们对有关玩乐的发明层出不穷。而虫对中国古人来说，就是作为游戏和宠物而存在的。虫蚁在古文中包括飞禽走兽、昆虫等。古人由于平日娱乐生活相对匮乏，所以在逗弄虫蚁之时的花样比今人更多。

宋代流传的《东南纪闻》记载，宋代的著名宫殿“艮岳”刚刚建成之时，官员们未被宏伟的土木建筑难倒，却因为不能调教好四方贡献的飞禽而发愁。当时有一个专门弄虫蚁的市民薛翁，主动请求教练这些鸟儿。薛翁学着飞禽的鸣叫，召唤着飞禽，待飞禽来，用肉炙粱米，让它们吃饱了随意翱翔。教了一月有余,“艮岳”中的飞禽,不用薛翁呼唤便飞来了,而且立在鞭扇之间也不害怕。一天,徽宗驾临“艮岳”,他的仪仗一出,周围的飞禽“闻清道声望而群翔”,多达数万只,薛翁奏道“万岁山瑞禽迎驾”。这种形式别开生面,使徽宗大喜不止,遂对薛翁赏赐加爵。

由于玩虫蚁的行为,可以为宏大、庄严的场面烘托气氛,甚至超过了个人闲情的范畴,很受历代政府重视。例如清代宫廷中为欢迎西方人而举行的宴会上,就有经过训练的老鼠表演——用细链条拴在一起的两只老鼠,按主人的命令把链子缠结起来,然后解开。元代陶宗仪的《南村辍耕录》中记载了一只大青蛙教八只小青蛙学念书一事。清代袁枚在《子不语》中也记述了一个乞丐所调教的这种“蛤蟆戏”:

场上设一小木椅,大蛤蟆从乞丐身上所佩的布袋中跃出,坐在小木椅上,接着八只小蛤蟆从口袋中跃出落地,环对着大蛤蟆,寂然无声。乞丐喝道:“教书!”大蛤蟆便阁阁叫,八只小蛤蟆都跟着大蛤蟆阁阁叫,大蛤蟆叫几声,小蛤蟆就叫几声,如同先生教学生。乞丐突然说:“止!”这“蛤蟆教书”当即绝声。

清代的笔记小说《闻见偶录》中,也有这样一则《蛙教书》。可见,清代中后期,此类“弄虫蚁”之事是很多的。至清光绪庚子年,在北京天桥还可以看到一位六十多岁的老者用一大八小九只青蛙做的这种“老师给学生上课”的表演。更为奇绝的是,蒲松龄在《聊斋志异》中曾记述过:

北京市上有人携一十二孔的木盒,每孔伏蛙,弄者用细杖敲蛙首,蛙则作鸣。或与金钱,则乱击蛙顶,如拊云锣,宫商调曲,了了可辨。

这样的表演多了之后,便加入了竞赛的意味,并渐次发展到赌博的境地，而其中的代表动物就是鸡、鹌鹑、蟋蟀。清蒲松龄的《聊斋志异》中描写了贫困的王成，见人斗鹌鹑，一赌数千，便驯养了一只鹌鹑，走上街头赌酒食，每次都赢，半年便积累了二十金。王成在大秦王府邸战胜了“玉鹑”，大秦王要买下他的鹌鹑，王成出价千金，大秦王认为不值，王成却说：“小人把向市廛，日得数金，易升斗粟，一家十余食指，无冻馁忧，是何金如之？”最后王成以六百金与大秦王成交，他凭靠卖鹌鹑的金子，治田百亩，起屋作器，居然成为世家大族。

而清代孙佩的《苏州织造局志》对斗蟋蟀则形容得有声有色：

吴俗每岁交秋，聚斗蟋蟀。光棍串同局役，择旷僻之所，搭厂排台，纠众合斗，名曰“秋兴”。无赖之徒及无知子弟，各怀银钱赌赛，设柜抽头。邻省别属，罔不辐辏，每日不下数千人，喧声震动闾闬。

中国斗蟋蟀的风气源远流长，自唐代开始流行，最早源自民间。蟋蟀天性好斗，在田间地头就可能斗起来。百姓在地里劳作的时候看到两只蟋蟀打斗，觉得非常有趣。于是人们主动去抓品相好的蟋蟀，将它们放在一起，让它们争斗取乐。这种民间游戏逐渐传到上层社会，受到官员甚至皇族的喜爱。唐代开元年间，四方太平，百姓生活富足，从皇帝到民间百姓，都喜爱享乐游戏，斗鸡走狗等游戏非常流行。唐玄宗李隆基本人就喜欢斗鸡，还在宫中建起鸡坊，定时举行斗鸡比赛。皇帝的爱好常常会蔓延到整个社会，因此开元时期斗鸡在民间也非常流行。

北宋末年的宋徽宗、宋钦宗疏于国事，整日沉湎酒色、挥霍无度。他们也喜爱斗蟋蟀，花重金建起斗蟋台，还亲自为斗胜的蟋蟀封号命名，有“金头大将军”“绿袍大王”“黑衣大圣”

“紫衣大圣”等。受到当权者的喜好影响，当时东京汴梁的斗蟋市场也非常活跃，就连女子、孩童都加入斗蟋队伍。宋徽宗的皇后闺名王敏，是德州刺史王藻的女儿，她从小饱读诗书，对皇帝不理朝政，整日躲在后宫同嫔妃斗蟋蟀忧心忡忡，多次劝说。皇帝起初还能听进去，后来便不耐烦起来，不久便疏远了皇后。王皇后一腔忧国忧民之心却不受重视，反而受到冷落，不久便抑郁身亡，去世时还不到三十岁。传说王皇后为了继续劝说丈夫觉悟，变身为一只乌头金翅大蟋蟀，经过数次擂台赛，终于来到皇帝身边，终日在其耳边啼鸣：“夫君醒来！夫君醒来！”这个故事与清代蒲松龄所作的《促织》相似，有异曲同工之妙。

◎ 蟋蟀图

公元 1127 年，北宋走到了朝代的尽头。此时金兵大破东京汴梁，活捉了徽、钦二帝，宫中之物被金兵抢掠一空，一起运往幽州。其中一辆大车上装满了镶嵌珍珠、宝石的精致盆罐。传说当队伍行至位于鬲津河畔的临津县之时，天气突变，乌云滚滚，雷声隆隆，这辆大车车身破裂，其中精美的盆盆罐罐尽数碎裂。随着一声声蟋蟀叫，所有的虫儿们齐声振翅高歌，跳进田间地头无影无踪了。钦宗见状，凄然泪下，哀伤地说：“尔等早早逃亡，待到天朝盛世，再让你们拜帅称王。”虽然这只是传说，但如今临津当地的确盛产善斗的蟋蟀，在斗蟋蟀市场上非常有名。

南宋太师贾似道是南宋末年的权臣，也是大奸臣，除此之外他还是一个著名的蟋蟀迷。据《宋史》记载：“襄阳围已急，似道日坐葛岭，起楼台亭榭，取宫人娼尼有美色者为妾，日淫乐其中。尝与群妾踞地斗蟋蟀。所狎客入，戏之曰：此军国大事耶？”当时蒙古人进攻中原，国家形势十分危急，但贾似道作为重臣，却置国事于不顾，仍然与姬妾们斗蟋蟀取乐。这种不负责任的行为使他背负千古骂名，而爱蟋蟀成痴的行为也让他获得了“蟋蟀宰相”之号。

抛开贾似道为政的功过不提，单就他对蟋蟀的痴迷来说，确有值得称道的部分。他对蟋蟀进行了卓有成效的研究，而不仅是玩笑取乐而已。他写的《促织经》，是我国第一部研究蟋蟀的专著。《促织经》共两卷，分论赋、论形、论色、决胜、论养、论斗、论病等章节，对蟋蟀的各个方面都进行了详尽的论述，非常全面。后来出现的《蟋蟀谱》《促织经》，几乎都以贾似道的《促织经》为蓝本，只在内容上稍有增删，体例和形制都没什么改变。

贾似道的《促织经》中的《促织论》是一篇内容丰富的蟋蟀专论。作者首先探讨了人们玩斗蟋蟀的原因，主要在于蟋蟀虽为“微物”，却有“似解人意”的灵性，尤其是二雄相争的“英猛之态”，是其他小生物所不具备的，而这正适应了寻胜猎奇的“人之所好”，故君子“取而爱之”。接着他又通过对斗蟋蟀历史的考察，进一步说明这项活动之所以受到庶民百姓，乃至公子王孙的喜爱，有其必然性。另外他对蟋蟀的生活习性、品种优劣、调养医病等问题也有精辟的见解，并认为这些是蟋蟀在决斗中取胜的关键。

从贾似道的《促织经》中可以看出，南宋时斗蟋蟀的技艺和理论已经达到相当高的水平，脱离了初期的质朴状态，开始由简单的“游戏”向“艺术”过渡，并逐渐形成一种文化形态，融入庞大的中国文化体系中。理论的产生总是建立在长期实践的基础之上的。贾似道的《促织经》实际上并非一人一时之作，而是在当时斗蟋蟀游戏相当普及的基础上，总结了各位玩家的心得体会而成的，是人们闲情与心血的结晶，充分表现了当时人们对斗蟋蟀的认识。比如虽然外行人几乎很难分辨蟋蟀的种类，除了大小及色泽稍有差异，几乎看不出有什么区别。但在《促织经》里，仅蟋蟀的体色就分为青、黄、红、紫、黑、白；而其中的红又分为真红、水红，青又分为真青、深青、淡青、紫青、灰青、虾青、蟹青等。人们还发现了蟋蟀的体色与品质是有密切联系的，提出了“白不如黑，黑不如赤，赤不如黄”的说法。在饲养蟋蟀的用具上也很有讲究，《促织经》里经常提到“古旧大盆”“下盆”“盆窝”，说明当时已用土盆饲养蟋蟀。由金玉牙笼改为土盆，当然不是因为朴素，而是出于对蟋蟀生活习性认识的提高，使用土盆更能模拟蟋蟀原本的生活环境，从而使它们保持旺盛的生命力。

鱼自古以来便和人类的生活密切相关。远古时期人类过着“以海为田。以渔为利，以舟楫网最为生”的生活，“濒海之民，射赢渔息。转贸四方，估人高帆健，出没风波之间”。这种生存方式为创立鱼文化提供了可靠的物质基础。当时鱼文化的具体表现为鱼崇拜。在母系氏族社会时期，生存环境恶劣，人们渴望多子多孙、人丁兴旺，而鱼类的生殖能力非常强，所以人们将鱼作为生殖信仰。因此从上古时期开始，文人们便开始关注鱼，借鱼抒发闲情，人们从捕鱼、吃鱼、养鱼，发展到赏鱼、写鱼、说鱼、唱鱼，逐渐形成了丰富多彩的鱼文化。

鱼文化也是闲情文化的一部分。中国的鱼文化内容丰富，和古代文人有不少交集。鱼在古代物质生活中占有重要地位，而鱼本身的形态之美使它们成为文人骚客们的审美对

◎ 金鱼图

象。鱼文化以各种形式存在于民俗和艺术的各个方面。古人在捕鱼、吃鱼和使用鱼祭祀等过程中，为“鱼”这一形象注入了多彩丰富的民俗文化内涵。《古诗十九首》中有一首诠释了鱼文化的重要性：“客从远方来，遗我双鲤鱼，呼儿烹鲤鱼，中有尺素书。”传说古人的书信是写在绢帛之上装在鱼腹中传递的，称为“鱼传尺素”。所以书信又有“鱼笺”“鱼符”“鱼契”之称。人们还把鱼视为民间吉祥物，这是因为“鱼”与“余”同音，所以人们将“鱼”视为生活美好、衣食有余的象征，寄托了富足有余的美好愿望。现在中国的很多地区仍保留着还将除夕晚上做好的鱼留到大年初一吃的习俗，象征“年年有余”。

金鱼是一种观赏鱼类。它身姿奇异，色彩绚丽，是一种天然的活艺术品，因而受到人们广泛的喜爱。金鱼源于野生鲫鱼，它先由银灰色的野生鲫鱼变为红黄色的金鲫鱼，再经过不同时期的家养和繁殖，由红黄色金鲫鱼逐渐变成各个品种的金鱼。作为观赏鱼，远在晋朝已有红色鲫鱼的记录。在唐代的“放生池”里，开始出现红黄色鲫鱼。宋代开始出现金黄色鲫鱼。人们开始用池子养金鱼，金鱼的颜色出现白花和花斑两种。明代人们将金鱼搬进鱼盆，正式成为人们家中的观赏之景。金鱼的形态繁多,游动之时姿态优美,一般体型较小,是专门为观赏而培养的。但如果将金鱼放生到自然水域之中,过一段时间就会变成野生鲫鱼的样子。可见金鱼现在的美好形态是人们在闲情的支配下刻意培育出来的。

第四章

闲情文化与文学

第一节 秦淮风月忆闲情
——风花雪月之地的闲情

文学中的闲情之地

一直以来，闲情文化对文学的影响不容忽视。在文学家浪漫而唯美的笔触之下，记录了无数关于风月闲情的故事。有些地方，在文人的笔墨和传说的渲染之下，充满了风花雪月的想象。仿佛只要一提这些地名，人们就能看到当年的墨客佳人在模糊的美景中悠游欣赏的情景。例如六朝金粉的秦淮河、唐长安的曲江池、宋后的西湖以及杏花烟雨的江南。这些地方在今天依然被闲情围绕，是无数人向往的桃源。无论是身临其境还是远远眺望，都能让人们体会到在厚重的历史文化之下积淀的美。文人情怀似水，所以他们喜好的风景名胜总离不开水。秦淮河与西湖都是人文风景和自然风景完美结合的典型。

秦淮，发源于句容赤山湖，是南京城的第一大河。相传秦始皇南巡，发现龙藏浦之地有隐隐王气，于是凿通方山，引淮水贯穿城中，以泄王气，故称秦淮河。秦淮分为内河和外河，南京城内的内河是十里秦淮中最繁华的地方，也是在古往今来的文学作品中不断出现的文化符号。杜牧在著名的《泊秦淮》中写道："烟笼寒水月笼沙，夜泊秦淮近酒家。"南唐后主李煜在《浪淘沙》中追忆往事："想得玉楼瑶殿影，空照秦淮。"清代剧作家孔尚任在著名的《桃花扇》中写道："且到秦淮水榭，一访佳丽，倒也有趣。"从南朝开始，秦淮河就是名门望族聚居的地方，河畔酒家林立，夜夜笙歌，无数商船画舫昼夜往来，歌女舞姬寄身其中，在丝竹缥缈之中轻歌曼舞，浅吟低唱，文人才子流连其中，写下佳人轶事，让秦淮河畔的故事流传千古。

◎ 秦淮河上

所谓"六朝金粉地，金陵帝王州"，自公元229年东吴孙权迁都南京以来，历史上先后有十个朝代在南京建都，故南京有"十朝都会"的美名。虽然都城的荣誉给秦淮河带来了烈火烹油般的繁华，但是不断的朝代更替也给居住在秦淮河畔的人们难以想象的艰难和波折。清代文人余怀在《板桥杂记》中追忆了当年的盛况：

金陵为帝王建都之地，公侯戚畹，甲第连云，宗室王孙，翩翩裘马，以及乌衣子弟，湖海宾游，靡不挟弹吹箫，经过赵、李，每开筵宴，则传呼乐籍，罗绮芬芳，行酒纠觞，留髡送客，酒阑棋罢，堕珥遗簪。真欲界之仙都，升平之乐国也。

秦淮之景是极美的，当年朱自清与俞平伯荡舟河中，用文人细腻美好的笔触叙写了桨声灯影之中的美景，直到今天也鲜有人能够更加精致形象地写出那样的美。这里借用散文名家的文字,再来领略和想象一下秦淮的美。

秦淮河的水是碧阴阴的;看起来厚而不腻,或者是六朝金粉所凝么?我们初上船的时候,天色还未断黑,那漾漾的柔波是这样的恬静,委婉,使我们一面有水阔天空之想,一面又憧憬着纸醉金迷之境了。等到灯火明时,阴阴的变为沉沉了:黯淡的水光,像梦一般;那偶然闪烁着的光芒,就是梦的眼睛了。我们坐在舱前,因了那隆起的顶棚,仿佛总是昂着首向前走着似的;于是飘飘然如御风而行的我们,看着那些自在的湾泊着的船,船里走马灯般的人物,便像是下界一般,迢迢的远了,又像在雾里看花,尽朦朦胧胧的。

大中桥外,顿然空阔,和桥内两岸排着密密的人家的大异了。一眼望去,疏疏的林,淡淡的月,衬着蓝蔚的天,颇像荒江野渡光景;那边呢,郁丛丛的,阴森森的,又似乎藏着无边的黑暗:令人几乎不信那是繁华的秦淮河了。但是河中眩晕着的灯光,纵横着的画舫,悠扬着的笛韵,夹着那吱吱的胡琴声,终于使我们认识绿如茵陈酒的秦淮水了。此地天裸露着的多些,故觉夜来的独迟些;从清清的水影里,我们感到的只是薄薄的夜——这正是秦淮河的夜。

秦淮的景美,这是自然对它的厚爱,而使它真正成为文化地标的,则是曾经在这里生活过、经过的人们。早在两晋时期,这里就是世家名门王谢家族所居住的乌衣巷:书圣王羲之、王献之父子居住在此;大破淮水的谢安、谢玄,以及才女谢道韫也曾在此度过人生的大部分时光。这里曾经是高门大族专属的家宅,可在唐代却成为废墟。唐代诗人刘禹锡路过此地,写下了著名的《乌衣巷》:“朱雀桥边野草花,乌衣巷口夕阳斜,旧时王谢堂前燕,飞入寻常百姓家。”历史轮回的力量是人们无法阻挡的，也让后人以史为鉴。

秦淮八艳的风流逸事

明末清初的“秦淮八艳”，是秦淮另一道文化风景，那些色艺双绝却命途坎坷的女子，留下了多少哀婉凄美的传说，为闲情漫步在秦淮的文人平添感慨。当时，以色貌才气而名冠秦淮河的“八艳”几乎无人不知，无人不晓。当时文人墨客成百上千慕名而来，诸多叱咤风云的历史人物，都与她们有着莫大关系。她们的艳丽不仅使凡俗之人倾慕，更令许多英雄才子为之神魂颠倒，从而改变了历史。

◎ 仕女图

明末的秦淮河畔勾栏瓦肆，歌舞升平，笙歌彻夜。其中青楼林立，里面的风尘女子将整个秦淮变成了当时最繁华绚丽的歌舞地。当时的青楼收留了许多父母双亡、孤苦无依的童女，教她们琴棋书画，诗词歌舞，待其长成后便成为青楼女子。据《板桥杂记》记载，名列“秦淮八艳”的柳如是、李香君、卞玉京、马湘兰、顾眉生、寇白门、陈圆圆、董小宛，皆是由孤女养成，她们无法逃避成为青楼女子的命运，这也让她们的故事更加无奈而伤感。

“秦淮八艳”不仅样貌身材优美，而且精通诗词歌舞，更难能可贵的是，她们关心国家大事，与复社文人来往密切。她们指点江山，激昂文字，巾帼不让须眉。她们中的李香君、卞玉京、董小宛与"金陵四公子"中的侯方域、方以智、冒襄的风流韵事被时人传为美谈。"八艳"中的柳如是、顾眉生、寇白门后来都从良跟随明末的历史名臣。明亡后，八艳中许多人都因政治原因而遭追捕，其中的陈圆圆、董小宛也由此出现在当时叱咤风云的历史人物的生命中。

当时明末将领吴三桂投在闯王李自成麾下。他控制着长城要塞，对抵御清兵起着至关重要的作用。陈圆圆被献给吴三桂后受尽恩宠，后来李自成麾下另一将领抢夺陈圆圆并将她献给李自成。吴三桂因此大怒，起兵投清，对李自成倒戈相向。农民军毕竟难敌训练有素的正规军，清军入关，击败李自成的农民起义军，李自成功败垂成，成为历史上的悲剧英雄。清统一天下后，吴三桂因其功高而被封为西南藩王。这便是"恸哭六军俱缟素，冲冠一怒为红颜"的来历。清代诗人吴伟业创作的《圆圆曲》，就是对陈圆圆一生的记录。

八艳之一的马湘兰，因在家中排行第四，人称"四娘"。她秉性灵秀，能诗善画，尤擅画兰竹，故有"湘兰"之名。她相貌虽不出众，"姿首如常人"，但"神情开涤，濯濯如春柳早莺，吐辞流盼，巧伺人意"。尤其在绘画上造诣很高，当年曹雪芹的祖父曹寅，曾三次为《马湘兰画兰长卷》题诗，后收录于《栋亭集》。《历代画史汇传》评价她的画技是"兰仿子固，竹法仲姬，俱能袭其韵"。今天北京故宫也藏有她的书法精品。她的绘画也一直被视为珍品。在文学上马湘兰亦颇具才华，曾撰有《湘兰子集》诗二卷和《三生传》剧本。她的多才多艺不仅体现在文学上，她还通音律，擅歌舞，并能自编自导戏剧。她所教的戏班，能演出《西厢记全本》，随其学技者，备得真传。

马湘兰生长于南京，自幼不幸沦落风尘，但她为人旷达，性望轻侠，常挥金以济少年。她的居处为秦淮胜处，慕名求访者甚多，她与江南才子王稚登交谊甚笃，她给王稚登的书信收藏在《历代名媛书简》中。王稚登七十大寿时，马氏集资买船载歌妓数十人，前往苏州置酒祝寿，“宴饮累月，歌舞达旦”，归后一病不起，最后强撑沐浴以礼佛端坐而逝。马湘兰为王稚登付出了一生的真情，自己却像一朵不为人知的幽兰，暗自饮泣，暗自吐芳。

柳如是色艺过人，与明末著名文人钱谦益结为夫妻，对于青楼女子来说，能够嫁给文士，也算终身有靠。二人年纪差异很大，柳如是曾经对钱谦益戏言：“君之肤如妾之发，君之发如妾之肤。”钱谦益虽然文才很盛，却在朝代更迭之时未能把握自身立场，投靠清廷，一时臭名昭著。钱谦益降清赴京，柳如是留在南京。钱谦益虽做了清朝的礼部侍郎兼翰林学士，由于受柳如是影响，半年后便称病辞归。后来又因案件株连，吃了两次官司。柳如是在病中将他营救出狱，并鼓励他与尚在抵抗的郑成功、张煌言、瞿式耜、魏耕等联系。柳氏全力资助、慰劳抗清义军，这些都表现出她强烈的爱国气节。钱谦益降清，本应为后世所诟病，但有赖柳如是的义行，才冲淡了人们对他的反感。

柳如是的才情是秦淮八艳中最突出的一个，著名学者陈寅恪读过她的诗词后，亦有瞠目结舌之感，对柳如是的清词丽句十分敬佩。清人认为她的尺牍“艳过六朝，情深班蔡”。柳氏还精通音律，长袖善舞，书画也颇负名气，她的画娴熟简约，清丽有致；书法深得后人赞赏，称其为“铁腕怀银钩，曾将妙踪收”。柳如是的《金明池·咏寒柳》是她的词作中比较突出的作品：

有怅寒潮，无情残照，正是萧萧南浦。更吹起，霜条孤影，还记得，旧时飞絮。况晚来，烟浪斜阳，见行客，特地瘦腰如舞。总一种凄凉，十分憔悴，尚有燕台佳句。

春日酿成秋日雨。念畴昔风流，暗伤如许。纵饶有，绕堤画舸，冷落尽，水云犹故。忆从前，一点东风，几隔着重帘，眉儿愁苦。待约个梅魂，黄昏月淡，与伊深怜低语。

◎ 柳如是像

“秦淮八艳”的坎坷人生，为文人才子进行文学创作提供了题材。例如余怀的《板桥杂记》，写了他与青楼女子的交往；孔尚任的《桃花扇》，记叙了侯方域和李香君哀婉波折的故事；陈寅恪的《柳如是别传》，将柳如是的人生演绎得淋漓尽致；还有冒辟疆的《影梅庵忆语》，记录了董小宛的点点滴滴。更有这些女子发挥才情所作的诗词歌赋。她们虽然人生波折不断甚至短暂，却以自身的才华与精神为世界增添闲情。

风景如画的西湖

一提起西湖，人们就会想到中外闻名的“西湖十景”，这十景就是：苏堤春晓、曲院风荷、平湖秋月、断桥残雪、柳浪闻莺、花港观鱼、三潭印月、雷峰夕照、南屏晚钟和双峰插云。关于西湖有着许多美丽的传说。

相传在远古时期，天上的玉龙与金凤在银河边的仙岛上找到一块白玉。它们一起琢磨多年，白玉变成了一颗璀璨的明珠，其珠光照到哪里，哪里就树木常青，百花盛开。但后来这颗宝珠被王母娘娘发现了，王母娘娘就派天兵天将把宝珠抢走，玉龙和金凤赶去索珠，王母不肯，于是就发生了争抢，王母的手一松，明珠就降落到人间，变成了波光粼粼的西湖，玉龙和金凤也随之下凡，变成了玉龙山和凤凰山，永远守护着西湖。

◎ 西湖

如果说青楼女子为秦淮增添了艳丽色彩，文人则为西湖增添了名士风范。白居易赴任杭州刺史之后，沉醉于西湖的美景。他写过不少赞美杭州风光的诗词，至今仍然广为流传。其中最让人动情的，就是他的《忆江南》："江南忆，最忆是杭州。山寺月中寻桂子，郡亭枕上看潮头，何日更从游？"而"最爱湖东行不足，绿杨荫里白沙堤"，则是白居易做杭州刺史时，歌咏西湖留下的诗句。如今，人们习惯把从断桥至中山公园一段，叫作"白堤"。其实，这"白沙堤"早在白居易到杭州以前就有了，而他疏浚西湖堆砌的那条堤岸，位于保俶路松木场附近，在漫长的历史长河里，城市建设的变迁中，逐渐湮灭了。但人们为了纪念这位有功于百姓的地方长官，将"白沙堤"，称作"白堤"或"白公堤"。约定俗成，如今的"白堤"，一直延伸至西泠桥畔，成了人们信步闲庭的芳径便道。

当白居易离开杭州后，他无时无刻不怀念西湖美景。一日，当他看到一艘来自杭州的商船，不由得心潮起伏，情思激荡，当即写下一首聊寄相思的诗，题名《西湖回舫》。这首诗明白晓畅，清新自然，立意巧妙："自别钱塘山水后，不多饮酒懒吟诗。欲将此意凭回棹，报与西湖风月知！"西湖，几乎成为白居易心中不可替代的女神。

"水光潋滟晴方好，山色空濛雨亦奇。欲把西湖比西子，淡妆浓抹总相宜。"这是苏轼对西湖的评价，与白居易对西湖的感受异曲同工。这位北宋文豪与西湖也有着不解之缘。苏轼任杭州知州时，被幽深秀丽的西湖所倾倒："予尝夜起登合江楼，或与客游西湖，入栖禅寺，叩罗浮道院，登逍遥堂，逮晓乃归。"他不仅白天游览，甚至夜里也流连忘返，直到破晓。

苏轼不仅沉醉在西湖美景之中，还组织民众修建了苏堤，他们疏浚西湖，取湖泥葑草堆筑成堤坝，并沿堤栽植杨柳、碧桃等观赏树木和花草，还建造了六座单孔石拱桥，取名曰映波、锁澜、望山、压堤、东浦、跨虹，古朴美观，所谓"我来钱塘拓湖绿，大堤士女争昌丰。六桥横绝天汉上，北山始与南屏通"。这正是对苏堤刚刚建成之景的记录。"苏堤春晓"为西湖十景之首，春天堤上新柳如烟，春风骀荡，众鸟和鸣，风景如画，游人漫步其中，如同置身仙境。

西湖之美，不仅在于它的风景。西湖不仅像具有绝世容貌的女子，更似具有丰富内涵的文人，西湖的独特之处，在于它体现了文人内在的精神与独特的气质。东坡在晚年被贬官惠州时还将当地的丰湖当作"西湖"："正似西湖上，涌金门外看。"恍惚间的惆怅包含了几多无奈。而白居易心中的留恋就表现得更为直白："未能抛得杭州去，一半勾留是此湖。"这些黏在心头的记忆，构成了文人们心底最真实的西湖。明人张岱所作的《西湖梦寻》，追忆了往日西湖之胜，在记录西湖美

◎ 苏堤春晓

景方面独具慧眼，让读者仿佛能感受到当年西湖的繁华美丽。而文中对游湖之人进行的不同分类，独有见地。

西湖七月半，一无可看，止可看看七月半之人。看七月半之人，以五类看之。其一，楼船萧鼓，峨冠盛筵，灯火优傒，声光相乱，名为看月而实不见月者，看之。其一，亦船亦楼，名娃闺秀，携及童娈，笑啼杂之，环坐露台，左右盼望，身在月下而实不看月者，看之。其一，亦船亦声歌，名妓闲僧，浅斟低唱，弱管轻丝，竹肉相发，亦在月下，亦看月，而欲人看其看月者，看之。其一，不舟不车，不衫不帻，酒醉饭饱，呼群三五，跻入人丛，昭庆、断桥，嘄呼嘈杂，装假醉，唱无腔曲，月亦看，看月者亦看，不看月者亦看，而实无一看者，看之。其一，小船轻幌，净几暖炉，茶铛旋煮，素瓷静递，好友佳人，邀月同坐，或匿影树下，或逃嚣里湖，看月而人不见其看月之态，亦不作意看月者，看之。

按张岱的说法来为游览西湖的人群分类，一种人来去匆匆，为了游玩娱乐而来，坐在游船上，大批优伶仆从相随，名为看月，而事实上并没有欣赏月亮。一种人同样坐在游船之上，与美女佳人嬉笑玩闹，置身月光之下却没有看月亮。一种人也坐着船，伴着音乐歌声，与歌妓、僧人同游，饮酒观光，轻歌曼舞，既被人看，也在看风景。还有一种人则没有坐船乘车，也不做什么装扮，吃饱喝足之后叫上三五人，成群结队挤入人群，在西湖断桥一带高声喧哗，唱着荒腔走板的歌曲，他们看月也看人，而实际上什么也没看见的人，可以看看他们。还有一类人，乘着小船，船上整洁干净，适合饮茶，他们约了好友美女，请月亮和他们同坐，有的藏在树荫之下，有的在里湖逃避喧闹，他们尽管在看月，而人们看不到他们看月的样子，他们自己也不刻意看月。他们将山水的记忆悉数托付给顿悟，“万古长空，一朝风月”，即是如此。除了写西湖七月半的看月之人与看人之人，张岱还写了自己游湖的心情。

春夏则热闹之，至秋冬则冷落矣；在花朝则喧哄之，至月夕则星散矣；在晴明则萍聚之，至雨雪则寂寥矣。故余尝谓：“善读书，无过董遇三余，而善游湖者，亦无过董遇三余。董遇曰：‘冬者，岁之余也；夜者，日之余也；雨者，月之余也。’雪巘古梅，何逊烟堤高柳；夜月空明，何逊朝花绰约；雨色涳濛，何逊晴光滟潋。深情领略，是在解人。”即湖上四贤，余亦谓：“乐天之旷达，固不若和靖之静深；邺侯之荒诞，自不若东坡之灵敏也。”其余如贾似道之豪奢，孙东瀛之华赡，虽在西湖数十年，用钱数十万，其於西湖之性情、西湖之风味，实有未曾梦见者在也。世间措大，何得易言游湖。

所谓“董遇三余”是指汉献帝时期的读书人董遇善于利用三种空闲时间，一种是无须做农事的冬天，一种是不便下地劳动的夜间，还有一种是不便出门的雨天。董遇利用这三种空余时间来读书，张岱却利用这三种空余时间来游湖。而游湖的体验，张岱更是细心体会当年白居易游湖的旷达、林逋的静深、邺侯李泌的荒诞以及苏东坡的灵敏。有了这四种游湖的心情，才能真正理解西湖的风味，一般世上附庸风雅之人，如何能体会西湖的美!

李渔经历了明清两朝的交替,在动荡不安之中体味到家境由盛转衰的凄凉。他大约在三十八岁时,移居杭州,住在风光明媚的西湖之滨。生活稍微安定下来后,西湖特有的美开始激发他的写作才华与热情。短短几年,李渔发愤写作,以文会友,结识众多好友,名声渐隆。在接下来的十几年内,为了生活,为了实践戏剧理论,李渔几乎是在漂泊中度过的。而在晚年时,李渔又回到杭州,在西湖边建造"层园",当他站在园中小山顶上眺望时,"尽收城郭归檐下,全贮湖山在目中。"因此自号"笠翁",经历一生劫难与漂泊之后,人世的悲欢离合,成了李渔晚年隐居西湖的原因。在西湖,他完成了终生追求艺术化、趣味化的愿望,悄悄走完生命旅程。

◎ 西湖晓雾

李叔同曾是近代上海滩有名的翩翩公子,风流儒雅,气度不凡。他"二十文章惊海内",少年时留学日本,以敏锐的艺术灵感,创造了很多中国艺术史上的第一。学成归来,他先后在天津、上海、浙江教书。在浙江第一师范学校教授图画、音乐课期间,他以高尚的品格、精湛的艺术、渊博的学识和认真负责的态度,开启了中国近代艺术教育的一个新局面。李叔同的学生之一,著名画家丰子恺,曾形象地说"文艺的园地,差不多被他走遍了"。就在事业蒸蒸日上时,他却结束了教育工作,放下世间一切,飘然至虎跑寺落发为僧,从此看破红尘,日夜与西湖山水为伴。李叔同大师的一生充满了传奇色彩,他是中国绚丽至极又归于平淡的典型人物。正如西湖之水，返璞归真，历尽世间百态仍清澈透明。

郁达夫在《乙亥夏日楼外楼坐雨》中回忆起西湖时说："江山也要文人捧，苏堤而今尚姓苏。"山水与文人之间有着自然的联系。真正成就西湖声名的不是奢华的画舫，也不是帝王的淫威，而是文人们在这里播种的丰富情感。他们的高洁气质让青山洗净铅华，他们的壮志深沉了一盆湖水的底蕴。在这文人的湖边，白居易与苏东坡留下了自己的深情与感悟，李流芳在湖上徘徊吟赏，中郎留山僧赏别样景遍察山容水意，张岱拥毳衣登湖心亭尽尝世态人情。西湖让文人更加平静地体味人生闲情与自然闲趣，至今不绝。

第二节 一笔添出称闲情
——写作之中的闲笔闲趣

消解闲情的创作心态

消解闲情是文学的重要功能之一，与文学活动本身的闲情要求相关，也是读者阅读鉴赏的需要。中国古代文人在创作中其实非常重视闲情的部分。在诗词、小品散文以及小说创作中都常常以消散闲情为主题。即使在主题相对严肃的小说、散文中，也往往会有闲笔来改变文章的气氛和节奏。

消散闲情，是指消磨、打发、度过闲暇的时间。文学的消闲功能，正来源于人们生活中产生的闲情。人们为了维持自身的生存和繁衍，必须从事物质生活资料的生产，以及由此衍生出来的精神生产，总之不是体力劳动，就是脑力劳动，这便有了“忙”。但人的精力不是无限的，持续一段紧张的劳动之后，就会感觉到累，就需要休息。于是，便有了各种名目的节假日、休息日，这就是“闲”。忙闲相间，劳逸结合，便形成了生命活动与日常社会生活的基本节奏。

休息并不等于不做事或睡眠，对古人来说，看戏、游玩、阅读或创作文学作品，以及从事其他艺术活动，都是积极的、有意义的休息。总之，消闲的文学和文学的消闲，都是人类消闲需要的产物。文人对闲情的创作心态有三种，一种是闲情推动的创作心态，一种是表现文人自身的闲情闲趣，一种是文学创作时需要的闲笔。

消闲的创作心态，指作家写作时精神上的闲静、优游、放松和自由的状态。作家在创作中有时也专门表现自己的某些消闲的情绪，如白居易的闲适诗。他这类诗中有不少的题目都明确地标出了“闲”字，如《闲吟》《湖上闲望》《闲出》等。有一首《闲行》是这样写的：“五十年来思虑熟，忙人应未胜闲人。林园傲逸真成贵。衣食单疏不是贫。专掌图书无过地，遍寻山水自由身。倘年七十犹强健，尚得闲行十五春。”

这首诗大约是诗人五十五岁时写的，在半生的忙闲对比中，诗人忽然悟出了闲适生活的自得其乐，体验到摆脱名缰利锁之后的一身自由和宽松。扳起指头一算：如果到了古稀之年自己还能健在，那就仍有整整十五年可以徜徉于山水之间。之后，他常来往于洛阳和长安之间：“西来为看秦山雪，东去缘寻洛苑春。来去腾腾两京路，闲行除我更无人。”东去西来，仅仅是为了消散闲情，为了赏花和观景，写得多么潇洒，多么优哉游哉。像当年陶渊明自称"羲皇上人"一样，白居易也称得上"天下第一闲人"了。

在一些文学作品如戏剧、长篇小说之中，出于结构、疏密、浓淡、起伏等多少会有技巧上的考虑，作家往往会插入一些与主线游离开来的描写，这就是所谓闲笔。著名作家王蒙认为，《红楼梦》中茗烟闹书房的一回就属于闲笔。他是这样谈自己的鉴赏体会的：

茗烟闹书房也是一件小事，对于主线（不论是爱情主线说还是阶线斗争主线说）可有可无。但写得特别生动有趣，活灵活现，疏密得当，场面乱而写得清楚明白，使读者有"洞见之乐"。过去每逢读到宝玉的几个小厮扫红、锄药、墨雨一齐乱嚷："小妇养的，动了兵器了"，便觉得闻其声而观其闹，十分地热闹开心。这一段读起来也相当轻松，可能是《红楼梦》中最轻松的章回之一。其他章回，生生死死，爱爱仇仇，善善恶恶，昏昏昭昭，即使表面的轻松愉快——如写宝玉给黛玉讲耗子精的故事，写年轻人们一起取笑打闹吃酒猜谜行令——也掩不住一种不祥感、惶惑感，哗啦啦大厦将倾的破灭感。故而也可以说这一回是"闲笔"。即使短的小说中也会有一两处闲笔，闲笔不是废笔，闲

◎ 茗烟闹书房

笔可添趣味，可调节奏，可增侧面，可扩空间。有闲笔才说明了作家的胸有成竹，驾驭得当。

王蒙是一位悟性极高的当代小说家，他以自己创作小说的经验，来解读与体悟《红楼梦》的闲笔，以及包含在此中的匠心。作为读者对《红楼梦》的阅读体验，读到这段文字感到轻松、愉快，这都对闲情消散的心理反应。至于他从疏密、节奏、趣味等方面看到的作家技法运用上的得当与娴熟，也可一并划入消闲效应。

闲笔的运用

闲笔在文学中的作用是值得重视的。闲笔是在故事情节发展到关键、紧要处时，作者故意腾出几笔文字去写情节之外的事情。“闲笔”是主线情节之外的支线因素，但也是小说叙事艺术中不可或缺的组成部分。“闲笔”不仅仅是为了消闲，更不是败笔。它是在叙述一件事情时有意“波及他事”，通过“笔锋一转”，增强叙事作品的艺术性，是一种颇具叙事韵味的、富有中国人叙事智慧的奇妙技法，能够补充正文，收束故事情节，关注细节。闲笔对于情节结构的安排、叙事节奏的调节、人物形象的塑造、读者阅读兴趣等方面，能够起到非常重要的作用。

明末清初著名的文学批评家金圣叹在评点《水浒传》时提出，“闲笔”是一种明确的叙事方式。在他看来，《水浒传》之所以获得成功，原因之一就是能够娴熟地运用“闲笔”，从各个细节方面丰富人物形象。他对施耐庵的评价非常高：“作文向闲处设色，惟毛诗和史迁有之，耐庵真正才子，故能穷用其法也。”“写柴进殷勤，字幅不尽，故特从闲处下笔，作者真才子。”金圣叹的“闲笔”论对之后的张竹坡、脂砚斋等人所作的小说评点有很大的影响，成为一个极具民族特色的叙事学概念。在具体的文学批评中，“闲笔”亦被称为“闲文”“闲话”“笔致闲处”“闲心细笔”“闲细之笔”“闲处着笔”“闲处设色”等。由此可见，“闲笔”是一个具有丰富理论内涵的概念，这里以金圣叹点评《水浒传》为例，对各种方式表现的“闲笔”进行简略的分析。

◎ 鲁提辖拳打镇关西

闲笔一般指在小说情节进行到百忙之时，突然插出别事，表现为“忙中之闲”。《水浒传》第二回《鲁提辖拳打镇关西》是人们耳熟能详的一章，这章中可谓处处有闲笔。“鲁达打郑屠忙极矣，却处处夹叙小二报信。然第一段只是小二一个，第二段小二外，又陪出买肉主顾，第三段又添出过路的人……真是极忙者事，极闲者笔也。”第十一回的“杨志卖刀”，写到泼皮牛二以一剁铜钱为难他，文中气氛骤然紧张起来，这时作者却从杨志、牛二身上掠过，去写周围的观众：“极忙，忽然插入一句看的人，笔力如苍鹰矫犬，眼光左闪右掣。”以旁观者角度观察主角，插入闲笔。第二十五回写到武大郎被害之后，武松从东京归来，心中非常挂念哥哥，武松心急，行文却不疾不徐，先去县衙交割公事。完事之后本来应该赶紧去看哥哥，却“偏又不疾来，偏又去下处脱换衣服，逶逶迤迤，如无事者……使读者眼前心上，遂有微云淡汉之意，不复谓下文有此奔雷骇电也。此回读之，只谓其用笔极忙，殊不知处处都着闲笔。……不在写武松心粗手辣，逢人便研。须要细细看他笔致闲处”。

“闲笔”是相对于“正笔”或“正文”而言的。金圣叹评《水浒传》时，多次把两者并提。在第十二回回评中有这样的论述：“故篇中凡写梁中书加意杨志处，文虽少，是正笔；写与周谨、索超比试处，文虽绚烂纵横，是闲笔。”第十九回夹批：“曲曲折折，层层次次，当知悉是闲文，不得亦比正文例，一概认真读也。”闲笔虽然看似游离于文章中心情节之外，实际上是对正文的必要补充。对正文难以顾及或无法详细叙述的事情，进行补充交代，以使叙事更加严密，情节的发展更加合情合理。

第二十五回中，潘金莲为遮人耳目而设武大郎牌位，却整日和西门庆恣意作乐。这时，作者笔锋一转叙及武松：“却说武松自从领了知县言语，监送车仗到东京亲戚处，投了来书，交割了箱笼，街上闲行了几日。”金圣叹评道：“绝妙闲笔，补足那边，便衬起这边有许多事。”作者用了几笔文字，来叙述武松在东京的生活，使之后的情节发展自然而不突兀。又如第三十三回，黄信、刘高押解宋江和花荣望青州来，途中被燕顺、王英、郑天寿截住，救了宋江和花荣，活捉刘知寨。接着，小说作了这样的交代：“原来这三位好汉，为因不知宋江消息，差几个能干的小喽罗下山，直来清风寨上探听。”得到确切消息后，才“预先截住去路，小路里亦差人伺候”。金圣叹认为这几句是“闲笔周匝”。寥寥几笔便交代三位好汉截人的原因，补充了“正文”叙述的不足，使整个故事情节紧密而逻辑严密。

有些闲笔则为后文情节的发展埋下了伏线、做好了铺垫。第二十六回武松杀嫂后被发配孟州，途遇卖人肉的张青和孙二娘，交谈中张青提及鲁达和杨志时说：“打听他（鲁达）近日占了二龙山珠宝寺，和一个甚么青面兽杨志霸在那方落草。

小人几番收得他相招的书信，只是不能够去。”金圣叹认为，这里“闲中闲放一线”，宕开一笔写鲁达、杨志，就是为后文做好伏线。到第三十回武松血溅鸳鸯楼后，他再次碰到张青、孙二娘，张青写信推荐武松上二龙山，第三十一回武松去了二龙山。正是与前文呼应，使小说情节顺理成章。

同为四大名著之一的《西游记》，其行文虽然不像《水浒传》《红楼梦》中的闲笔，总有“草蛇灰线，浮脉千里”的意味，却也有一种调侃游戏的味道，是作者闲情的体现。在第九回《袁守诚妙算无私曲 老龙王拙计犯天条》中表现得尤为明显。

◎ 大闹天宫

却说长安城外泾河岸边，有两个贤人：一个是渔翁，名唤张梢；一个是樵子，名唤李定。他两个是不登科的进士，能识字的山人。一日，在长安城里，卖了肩上柴，货了篮中鲤，同入酒馆之中，吃了半酣，各携一瓶，顺泾河岸边，徐步而回。张梢道：

“李兄，我想那争名的，因名丧体；夺利的，为利亡身；受爵的，抱虎而眠；承恩的，袖蛇而去。算起来，还不如我们水秀山青，逍遥自在，甘淡薄，随缘而过。”李定道：“张兄说得有理。但只是你那水秀，不如我的山青。”张稍道：“你山青不如我的水秀。”

两位不得志的酸腐文人，一个成了渔翁，一个做了樵夫，见面时为“谁的山青谁的水秀”争论起来，本身就相当可笑。二人还煞有介事地开始作词联句，以求在言谈上超过对方。二人一共做了十四首诗词，这段辩论对故事情节推动来说，其实并无作用，只是作者的闲笔，但正是对作诗吟赋的夸张和不厌其烦的引入诗词，从侧面讽刺了文人的酸腐。他们陶醉于自己所谓的诗情之中，甚至根本没有留心对方说了什么，只是一味地希望在言语上压倒对方。而他们所谓的诗词，也并无跳出窠臼之语。这种缺乏想象力的陈词滥调，正是作者所反对的，而他并没有将这种反讽明确地说出来，而是通过闲笔侧面表达。更加讽刺的是，这二人在诗词上并没有分出高下，于是在分别时开始口不择言，更显丑态。

他二人既各道词章，又相联诗句，行到那分路去处，躬身作别。张稍道：“李兄呵，途中保重！上山仔细看虎。假若有些凶险，正是明日街头少故人！”李定闻言，大怒道：“你这厮惫懒！好朋友也替得生死，你怎么咒我？我若遇虎遭害，你必遇浪翻江！”

直到这时，作者的闲笔才算结束，开始引入与主线的故事情节相关的内容，张梢继续炫耀，说到自己别有奇遇，能够预知祸福：“这长安城里，西门街上，有一个卖卦的先生。我每日送他一尾金色鲤，他就与我袖传一课，依方位，百下百着。今日我又去买卦，他教我在泾河湾头东边下网，西岸抛钓，定获满载鱼虾而归。”不料张梢这话被泾河巡水夜叉听去，报知龙王，龙王不服这算卦先生，特意改了下雨时辰，犯了天条，由此引出一场祸事。

作者对二人的诗词争斗的描写，用了大量的篇幅，其实与正文并不相关，却是作者对当时一些酸腐文人文风的认识和讽刺，作者在这里的大量“闲笔”正是用一种“无厘头”的表达，产生了反讽的效果。

有才气和闲情的作者，其文章往往纵横驰骋，不拘一格。适当的闲笔，能够体现作者的从容与自信。若想对闲笔正确使用，对作者的学识、修养以及阅历都有很高的要求，作者必须具有一定的见解和洞察力。张爱玲曾把文章的“主题”比作空洞的抽象物，却视那些无关紧要的闲笔为灵魂，为血肉，这种观点可谓独具一格。一篇文章，如果每句话都直奔主题，不敢“顾左右而言他”，不仅让人读来了无趣，还会暴露作者窘迫的心态。生活的乐趣往往在闲情之上：一片落叶，一声蝉鸣，一个不经意的微笑，比起那些严肃的大事，也许更值得玩味，更接近生活的底蕴。为文之道亦如此。

在鲁迅先生的创作理念中，强调着文艺的宣传教育功能的同时，也不忘强调它的审美属性和消散闲情的功能。他说：“生存的小品文，必须是匕首，是投枪，能和读者一同杀出一条生存的血路的东西；但自然，它也能给人愉快和休息，然而这并不是‘小摆设’，更不是抚慰和麻痹，它给人的愉快和休息是休养，是劳作和战斗之前的准备。”鲁迅在这里所说的“休息”和“休养”，实际上指的就是上文提过的消闲。再坚韧、再勇毅的战士，也不可能只战斗，不休息；再顽强、再不怕牺牲的队伍，也不可能接连打仗，而不做休整。文学的闲情和文学鉴赏的消闲性即从此而来。

第三节 书写闲情易为好
——闲情对文学创作的推动

抒写闲情的创作动力

“闲情”在传统诗文中虽有体现却并不占主导地位，而当词体文学出现以后，对闲情的抒写便悄然向唐宋词转移和倾斜了。唐宋文人在传统的诗文中大力地挥洒他们的政治激情、人生理想和凌云壮志，同时在新兴而繁荣的词体文学中尽情地抒写他们享受人生、消遣生活、充满诗意的闲情雅趣。闲情从词体文学开始，逐渐成为文学创作的一大主题。在之后的明清小品文、传奇小说以及戏曲之中，闲情都占有很高的地位，成为推动文学创作的动力之一。

词体文学具有与生俱来的娱乐性和抒情性，特别适合对“闲情”的书写。宋代词人李振祖的《浪淘沙》就记录了春日游玩之中产生的一抹闲情，有含蓄朦胧的美。

春在画桥西，画舫轻移。粉香何处度涟漪。认得一船杨柳外，帘影垂垂。

谁倚碧阑低，酒晕双眉。鸳鸯并浴燕交飞。一片闲情春水隔，斜日人归。

这首词是一首记游词，上片写春日湖水秀美，画桥西畔游船如织。男子嗅到一阵脂粉香味，循香望去，原来香味是从柳树下的小船上的女子身上飘过来的，那女子立于帘下，身影隐约可见。下片写女子斜倚栏杆，脸颊因酒意上涌，略有红晕，眉目含情，让男子不觉产生倾慕之意，但又不便冒昧前去打扰。就在这注视之中，不觉夕阳西下，伊人摇船而去，男子心头留下了深深的怅惘。如此短短的一首词，却能将环境、事件和男女双方的动作、情态充分描绘出来；鸳鸯浴水、燕子交飞既是写实，又具象征性。以"一片闲情"来对这春日小小的动心做结，既伤感也不失含蓄。

写闲情的词数不胜数，对古人而言，闲情的含义是非常丰富的，可以是对美丽女子的惊鸿一瞥，可以是对自然山水的欣赏，可以是与友人把酒尽欢的豪情，也可以是伤春悲秋的一缕愁绪。宋代词人赵文的《苏幕遮》对此进行了描述："绿秧平，烟树远，村燕声喧，凫雁归来晚。自倚阑干舒困眼。一架葡萄，青得池塘满。饮先愁，吟又懒。几许闲情，百计难消遣。客路不如归梦短。何况啼鹃，怎不教肠断。"

小品文是散文的一种，具有很高的抒情意味和讽刺性。中国的小品文有着悠久的历史和多种样式，古人所作的语言优美生动的序跋、传记以及书信等都是小品文。题材包容和自由题材是小品文的主要特点。明清时期是小品文的成熟期，也是创作旺盛的时期，对后人影响深刻。近代周作人、梁实秋、老舍等著名作家的散文，继承和发扬了明清小品文的精髓。

明代小品文中最有名的篇目莫过于归有光的《项脊轩志》，文章借小小的书房"项脊轩"的兴废，书写与之相关的家庭琐事，读来温暖伤感，充满文人对生活的认识和感慨。

项脊轩，旧南阁子也。室仅方丈，可容一人居。百年老屋，尘泥渗漉，雨泽下注；每移案，顾视无可置者。又北向，不能得日，日过午已昏。余稍为修葺，使不上漏。前辟四窗，垣墙周庭，以当南日，日影反照，室始洞然。又杂植兰桂竹木于庭，旧时栏楯，亦遂增胜。借书满架，偃仰啸歌，冥然兀坐，万籁有声；而庭堦寂寂，小鸟时来啄食，人至不去。三五之夜，明月半墙，桂影斑驳，风移影动，珊珊可爱。

作者笔下的“项脊轩”是家中的南阁楼。屋里仅仅一丈见方，只可容纳一个人居住。这间已有上百年历史的老屋子，其破旧可以想象。屋顶上的泥土从上边漏下来，积聚的流水一直往下流淌。由于积水，作者只能常常移动书桌，环顾四周有没有可以安置桌案的地方。屋子朝北，不能照到阳光，一过中午就已经昏暗。为了让南阁子可以使用，作者稍稍修理了一下，使它不再漏土漏雨；还在前面开了四扇窗子，在院子四周砌上围墙，利用日光反射，室内才明亮起来；又在庭院种上兰花、桂树、竹子等，让小小的庭院增加了新的光彩。书架摆满了借来的书籍，作者安居室内，有时吟诵诗文，有时静自独坐，聆听天籁。这里静悄悄的，小鸟不时飞下来啄食，人走到它跟前也不飞走。每到月圆，明月高悬，照亮半截墙壁，桂树的影子交杂错落，微风吹来，花影摇动，很是可爱。

虽然是小小陋室，归有光却充满深情地回忆了自己如何整修“项脊轩”，使之成为书房的过程。他还颇有闲情地在此植树种花逗鸟，平日深思吟咏。虽然只是陋室，却是一位读书人的精神家园。值得一提的是，这篇文章虽然短小，却隔了五年才全部写成。正是因为时光流逝，万事变迁，才让这篇文章更加意蕴渊远。

余既为此志，后五年，吾妻来归，时至轩中，从余问古事，或凭几学书。吾妻归宁，述诸小妹语曰：“闻姊家有阁子，且何谓阁子也?”其后六年,吾妻死,室坏不修。其后二年,余久卧病无聊,乃使人复葺南阁子,其制稍异于前。然自后余多在外,不常居。

庭有枇杷树,吾妻死之年所手植也,今已亭亭如盖矣。

做完此文五年之后,归有光娶妻,妻子时常到轩中,与作者叙旧聊天,有时也在此学学写字。妻子回娘家后,还向诸位小妹们“炫耀”自家的小书房,表现了她的俏皮可爱。可惜六年之后,妻子过世了,项脊轩也更加破败。两年之后,归有光重新修葺南阁子,可惜总是外出,也不常在此居住了。行文至此,与开始刚刚修葺南阁子之时已经相距十几年的时间。而文章的最后一句,更是让人无限伤感:“树犹如此,人何以堪!”挚爱的妻子已经去世多年,作者自己也垂垂老矣。一篇文章跨度几十年,虽然只有几百字的篇幅,却无限感伤,所说的不过是生活琐事,记录的只是文人闲情,以及几位女子的日常言行,却能做到含而不露,以情动人,正是归有光此文的显著特点。

前文多次提到的《陶庵梦忆》,是明末清初著名的小品文集。明末清初时期,社

◎(明)钟钦礼《高士观瀑图》

会动荡,内忧外患不断,当时,思想界涌现了一股反对理学的思潮,文人在对黑暗现实绝望的同时,开始追求个性解放,沉醉于声色山水之中,追求物质和精神满足。在这种社会思潮和人文气氛之中,造就了如富家出身的张岱的名士风度,决定了他的文章的主要内容。张岱自称"少为纨绔子弟,极爱繁华。好精舍,好美婢,好娈童,好鲜衣,好美食,好骏马,好华灯,好烟火,好梨园,好鼓吹,好古董,好花鸟,兼以茶淫橘虐,书蠹诗魔。"

张岱身上具有纨绔子弟的骄奢淫逸,也有晚明文人纵欲玩世的颓放作风。他博通经史,涉猎广泛,虽然与功名科考无缘,却笔耕不辍。《陶庵梦忆》正是他晚年经历了社会巨变之后撰写而成的:"因想余生平,繁华靡丽,过眼皆空。五十年来,总成一梦。今当黍熟黄粱,车旅蚁穴,当作如何消受?遥思往事,忆即书之。持向佛前,一一忏悔。不次岁月,异年谱也;不分门类,别志林也。偶拈一则,如游旧径,如见故人。"

张岱追忆过去,时而揭示了繁华掩盖下的凄惨,强颜欢笑掩盖下的辛酸,时而记录下单纯的人生闲情和过去的好时光。而这些记录,也让今天的人们能够了解当时人们生活的各个方面。例如《乳酪》,就记录了处理牛奶、制作乳酪的过程,非常具有生活气息。

乳酪自驵侩为之,气味已失,再无佳理。余自豢一牛,夜取乳置盆盎,比晓,乳花簇起尺许,用铜铛煮之,瀹兰雪汁,乳斤和汁四瓯,百沸之。玉液珠胶,雪腴霜腻,吹气胜兰,沁入肺腑,自是天供。或用鹤觞花露入甑蒸之,以热妙;或用豆粉掺和,漉之成腐,以冷妙;或煎酥,或作皮,或缚饼,或酒凝,或盐腌,或醋捉,无不佳妙。而苏州过小拙和以蔗浆霜,熬之、滤之、钻之、掇之、印之,为带骨鲍螺,天下称至味。其制法秘甚,锁密房，以纸封固，虽父子不轻传之。

小说的发展与娱乐性

对于小说这一文体来说，闲情的内容更加丰富。因为小说本身就具有很强的休闲娱乐性。东汉班固在《汉书·艺文志》中写道：“小说家者流，盖出于稗官。街谈巷语，道听涂说者之所造也。孔子曰：‘虽小道，必有可观者焉，致远恐泥，是以君子弗为也。’然亦弗灭也。闾里小知者之所及，亦使缀而不忘。如或一言可采，此亦刍荛狂夫之议也。”这是对小说的起源所做的比较有权威的解释。小说在古代虽然是“小道”，但是它植根于生活，脱胎于虚构，发散了人们的想象力，体现了古人的娱乐精神与闲情意识。

◎ 庄子鼓盆而歌

在《孟子》《庄子》《战国策》中，有不少人物性格鲜明的故事，后来被称为寓言，其中已经带有小说的意味，而寓言正是小说的起源之一。《庄子·秋水》中有这样一个故事：

庄子钓于濮水，楚王使大夫二人往先焉，曰：“愿以境内累矣！”庄子持竿不顾，曰：“吾闻楚有神龟，死已三千岁矣，王巾笥而藏之庙堂之上。此龟者，宁其死为留骨而贵，宁其生而曳尾涂中乎？”二大夫余曰：“宁生而曳尾涂中。”庄子曰：“往矣！吾将曳尾于涂中。”

一日，庄子正在濮水垂钓，楚王委派二位大夫前来拜访他，希望庄子能够出仕，为楚王分忧。庄子拿着钓竿，并不看他们，淡然说道：“我听说楚国有只神龟，死的时候已经三千岁了。楚王用竹箱珍藏它的骸骨，用锦缎覆盖，供奉在庙堂之上。请问您二位，此龟是宁愿留着尸骨接受供奉，还是宁愿生时在泥水中潜行曳尾呢？”二大夫回答：“自然是愿活着在泥水中摇尾而行啦。”庄子说：“二位请回去吧！我也愿在泥水中曳尾而行哩。”在这篇寓言中，庄子以神龟做比，表达自己更愿拥有自由和闲情，而不愿意被政治国事所困扰。

史传是讲史小说的来源。中国古代的史书如《左传》《战国策》《史记》等，在描写故事情节和人物性格方便，为小说提供了叙事的经验。四大名著中的《三国演义》，就脱胎于史书《三国志》，故事主线基本一致，又加入了作家虚构和夸张。文人笔记中记载的轶事、掌故和素材也成为小说的来源之一，这类作品被称为笔记体小说。民间娱乐的说话讲史也为小说提供了素材。各个朝代的茶馆、饭店中的说书人为了吸引客人，进行说书演义，后来人们将说书内容进行整理和记录，成为话本小说。可见小说的主要来源之一就是人们的娱乐休闲生活。

《快嘴李翠莲》便是一篇由说书演化而成的小说，通篇以打油诗的形式，记录了口快心直脾气不小的李翠莲出嫁和出家的故事。这种文字形式脍炙人口，故事情节夸张，自然受到大众欢迎。小说在开篇入话就提出了“博人一笑”的目的：“出口成章不可轻，开言作对动人情；虽无子路才能智，单取人前一笑声。”李翠莲的泼辣和嘴快在说书人的演绎之下格外夸张，这在她出嫁之时对媒人的态度中可见一斑。

大家张口吐舌，忍气吞声，簇拥翠莲上轿。一路上，媒妈妈分付：“小娘子，你到公婆门首，千万不要开口。”

不多时，车马一到张家前门，歇下轿子，先生念诗曰：“鼓乐喧天响汴州，今朝织女配牵牛。本宅亲人来接宝，添妆含饭古来留。”

且说媒人婆拿着一碗饭，叫道：“小娘子，开口接饭。”只见翠莲在轿中大怒，便道：“老泼狗，老泼狗，叫我闭口又开口。正是媒人之口无量斗，怎当你没的翻做有。你又不曾吃早酒，嚼舌嚼黄胡张口。方才跟着轿子走，分付叫我休开口。甫能住轿到门首，如何又叫我开口？莫怪我今骂得丑，真是白面老母狗！”

话本小说的语言明白浅显，有很强的口语化特点，内容也诙谐幽默，情节往往曲折，人物形象鲜明有趣，不仅能获得广大百姓的青睐，也受到部分文人的重视。在明清时期，文人在有闲之时，非常热衷于小说创作，出现了大量的优秀作品。长篇小说有《三国演义》《水浒传》《西游记》《金瓶梅》《红楼梦》等；短篇小说有《三言二拍》，几乎收录了大部分当时流行的传奇小说和话本小说；蒲松龄的《聊斋志异》更是开创了花妖鬼狐的小说系列，将中国古典小说推向了一个新的高峰。小说由于文字易懂，情节动人，比其他文体拥有更广泛的受众，也是闲情文化中的重要组成部分。

文人在小说中尽情地驰骋想象，发挥才华，挥洒闲情。在经典的小说《镜花缘》中，清代小说家李汝珍以漫画的手法，写出了世情百态。书中的主人公环游世界，遇到了种种奇人奇事。例如在“白民国”装腔作势的学究先生，居然将《孟子》

◎ 蒲松龄像

上的“幼吾幼，以及人之幼”读作“切吾切，以反人之切”。这样的不学无术之辈，又是视“一钱如命”，尽想占便宜的唯利是图之人。“淑士国”到处竖着“贤良方正”“德行耆儒”“聪明正直”等金匾，各色人等都穿着儒巾素服。他们举止斯文，满口之乎者也，却斤斤计较，十分吝啬，酒足饭饱后连吃剩下的几个盐豆都揣到怀里，即使一根用过的秃牙杖也要放到袖子里。作品以内外对照的手法揭露这些假斯文的酸腐气，淋漓尽致地讽刺了儒林的丑态。

李汝珍还以漫画的手法，嘲讽和批判种种品质恶劣和行为不端的人们。“两面国”的人天生两面脸，对着人一张脸，背着人又是一张脸。即使对着人的那张脸也是变化无常，对身穿儒巾绸衫之人，便“和颜悦色，满面谦恭光景”；对身穿破旧衣衫之人，就冷冷淡淡，话无半句。一旦人们揭开他的浩然巾，就露出一副狰狞的本相。“无肠国”里富翁刻薄腌臢，用粪做饭供应奴仆。“穿胸国”的人心又歪又恶。“翼民国”的人头长五尺，都因好听奉承而致。“结胸国”的人胸前高出一块，只缘好吃懒做。“犬封国”的人长着狗头人身。“豕喙国”的人则长着一张猪嘴。作者皆极尽讽刺挖苦之能事，将人性的丑恶极致夸张地表现了出来。

除了对人间世情的描写，李汝珍在《镜花缘》中也极尽想象之能事，对海外奇异的人情风物进行了非常有趣的想象。书中的主人公唐敖、林之洋、多九公一行人来到东荒的第一大岭东山口，看到了很多奇异的景物。有象征盛世的“当康兽”；有衔石填海的精卫鸟；有骑着小马的小人，名为“肉芝”，食之可以延年益寿、得道成仙；还有可以充饥的“祝余”草，以及能够让人腾云驾雾的“蹑空草”；还有能让人入圣超凡的“朱草”。其中对可以充饥的“清肠稻”的描写最为有趣：

林之洋道：“九公，你看前面一带树林，那些树木又高又大，不知甚树？俺们前去看看。如有鲜果，摘取几个，岂不是好？”登时都至崇林。迎面有株大树，长有五丈，大有五围；上面并无枝节，惟有无数稻须，如禾穗一般，每穗一个，约长丈余。唐敖道：“古有‘木禾’之说，今看此树形状，莫非木禾么？”

多九公点头道：“可惜此时稻还未熟。若带几粒大米回去，确是罕见之物。”唐敖道：“往年所结之稻，大约都被野兽吃去，竟无一颗在地。”林之洋道：“这些野兽就算嘴馋好吃，也不能吃得颗粒无存。俺们且在草内搜寻，务要找出，长长见识。”说罢，各处寻觅。不多时，拿著一颗大米道：“俺找著了。”二人进前观看，只见那米有三寸宽，五寸长。唐敖道：“这米若煮成饭，岂不有一尺长么？”多九公道：“此米何足为奇！老夫向在海外，曾吃一个大米，足足饱了一年。”林之洋道：“这等说，那米定有两丈长了？当日怎样煮他？这话俺不信。”

多九公道：“那米宽五寸，长一尺。煮出饭来，虽无两丈，吃过后满口清香，精神陡长，一年总不思食。此话不但林兄不信，就是当时老夫自己也觉疑惑。后来因闻当年宣帝时背阴国来献方物，内有‘清肠稻’，每食一粒，终年不饥，才知当日所食大约就是清肠稻了。”林之洋道：“怪不得今人射鹄，每每所发的箭离那鹄子还有一二尺远，他却大为可惜，只说‘差得一米’，俺听了着实疑惑，以为世上哪有那样大米。今听九公这话，才知他说‘差得一米’，却是煮熟的清肠稻！”唐敖笑道：“‘煮熟’二字，未免过刻。舅兄此话被好射歪箭的听见，只怕把嘴还要打歪哩！”

古代生产力不发达，劳动人民生活辛苦却常常不得温饱。“清肠稻”与大米形似，一粒即可让人饱暖一年，这样的食物如果能够普及，倒是满足了广大饥饿痛苦的平民百姓。李汝珍在对“清肠稻”的功效大为渲染的同时，仍然不忘调笑那些“射歪箭”的人。可见，行文之中的讽刺正是李汝珍做小说的特点，也为《镜花缘》增添了思想深度和娱乐气息。

第五章
闲情与其他艺术形式

第一节 薄妆小靥闲情素
——服饰装扮

闲情与服饰文化的审美追求

闲情文化的实质是人们对美的追求，以及由对美的追求而发展形成的文化艺术。人们有了闲情兴致，才会关注审美，投身于审美艺术的发扬。可以说，闲情对审美艺术的发展有着不可忽视的推动作用。

李渔在《闲情偶寄》中用《声容部》一章，来专门、系统地对人们的仪容美学进行研究。所谓声容，其实就是指人的仪态、容貌，包括服饰和装扮。爱美乃人的天性，中国古代对人们的服饰装饰非常严格，一个人的装扮服饰不仅表现了其性格，往往还代表其家庭和社会地位。

《声容部》的第一节是“盥栉”，所谓“盥栉”就是洗脸梳头。如何将面部的油脂、污垢清洗干净是需要学问的，李渔指出，洗脸首先必须注意洗去油脂，确实抓住了要害。梳头是一门更加讲究的学问，仅仅用工具梳理头发，李渔就进行了如下叙述：

善栉不如善篦，篦者，栉之兄也。发内无尘，始得丝丝现相，不则一片如毡，求其界限而不得，是帽也，非髻也，是退光黑漆之器,非乌云蟠绕之头也。故善蓄姬妾者,当以百钱买梳,千钱购篦。篦精则发精,稍俭其值,则发损头痛,篦不数下而止矣。篦之极净,使便用梳。而梳之为物,则越旧越精。“人惟求旧,物惟求新”。古语虽然,非为论梳而设。求其旧而不得,则富者用牙,贫者用角。新木之梳,即搜根剔齿者,非油浸十日,不可用也。

◎ 仕女梳洗图

古人认为“身体发肤,受之父母,不可毁伤”。头发在女子的容貌审美中占有十分重要的地位。古代甚至有不少女子因为头发美丽,而受到赞扬,甚至因此吸引了帝王的目光,而被立为皇后。东汉明帝刘庄的皇后,就有一头长而美的头发。《诚斋杂记》中说她的头发“为四起大髻,髻成,尚有余发绕髻三匝”。《陈书》中说南朝陈后主妃张丽华的头发“长七尺,鬒黑如漆,其光可鉴”。因为张丽华的头发非常美丽,进而得到后主宠爱。汉武帝的卫皇后也是因为头发之美,而吸引了汉武帝。卫子夫原本只是平阳公主府的一个歌女,一次偶然见到了汉武帝,唱歌给他听,于是“上意动,起更衣,子夫因侍,得幸。头诚,上见其发美,悦之,遂纳子夫于宫,后立为后”。

头发之美还在于发型的设计。周文王令宫人梳“凤髻”,是高髻的一种;又令宫人梳“云髻”,步步而摇,人称“步摇髻”。汉武帝时期流行“堕马髻”,《陌上桑》中描述美女罗敷“头上倭堕髻”,即是堕马髻的一种,是指发髻在头部的一边,似堕非堕,慵懒可爱。三国著名的美女、曹丕的皇后甄氏入就是一个极其注重发型的女子。据说宫中有一条蛇,口含赤珠,从不伤人。每当甄氏梳妆之时，这条蛇就在甄氏面前盘结成髻形，甄氏即仿效这种形状梳头，号称“灵蛇型”。隋炀帝命宫人梳的发型有“八鬟髻”“翻荷髻”“坐愁髻”。唐宫中的发髻式样更多，名称足以让人眼花缭乱，如半翻髻、反绾髻、乐游髻、双鬟望仙髻、回鹘髻、愁来髻、归顺髻、闹归妆髻等。这些宫妆发髻很多是皇帝们所喜好或者亲自设计、定名的。

古人为了固定头发并显示头发的茂盛，发明了假髻。假髻一般是用别人的头发或自己以前剪下来的头发，做成需要的形状，衬在头发里面，做成高耸而齐整的发髻。古人对头发的重视超过今人的想象，有专门的髡刑，将犯人的头发剃光，以示惩戒。夺人美发的事也曾发生，鲁哀公在城上见到一位头发特别美丽的女人，便派人把该女子的头发强行剃下来，做成假发给王后吕姜使用。《周礼》中将假髻称为“副”，是王后行礼时的头饰。为了固定头发，也可使用绦或丝线缠缚，还用各种发饰进行装饰和固定。如飞天髻，要将三个大鬟髻耸起而不塌下，就得借用丝带缠缚。由于假髻的流行，高髻在东汉以后成为常见的宫中发式并波及民间。

◎ 簪花仕女图

花木兰从军十二年，回到家乡的第一件事情就是“当窗理云鬓，对镜贴花黄”。对古人来说，发髻梳成后，还需要插戴各种发饰。古人的发饰中，戴花单纯是为了美观，而簪、钏、环等具有“美和用”双重功能。

发簪是古人用来固定头发的工具，古代男女都用簪。杜甫曾说：“白头搔更短，浑欲不胜簪。”皇帝常在节日赐给大臣用珍奇物品制作的簪子。簪也是身份的象征。罪犯不可以佩簪，脱簪后头上只能梳一个囚髻。后妃如果有过失，在皇帝面前也要脱簪去环。簪以玉制、骨制、犀角制、象牙制、金银制为多，也有木制等其他材质。东汉礼服中规定，太后的发簪长达一尺，以玳瑁为簪股，上立一只凤凰，以翡翠为毛羽，下嵌白珠，以黄金饰物垂下做装饰。

◎ 古代女子头饰

步摇历史久远，据考证是商纣王发明的。步摇名副其实，插在头上随着女子走路一步一摇，十分妩媚。宫中后妃的步摇一般用金子做成，垂以白珠。

钗是发饰中比较常见的，富贵之家和皇宫之中有金、玉、玳瑁等珍奇物品制作的钗，而贫家女子只能戴荆钗，“拙荆”便是男人对外人称呼自己妻子的谦辞。后妃所佩的钗上一般以凤、燕雀、鸾及花卉等为装饰。唐代的一支玉钗，在当时市场上就高达七十万钱。魏晋文人夏侯湛曾因此写了一篇《雀钗赋》，来说明当时服饰装饰的流行。

览嘉艺之机巧，持精思于雀钗。收泉珍于八极，纳瑰异以表奇。布太阳而拟法，妙团团而应规。于是妍姿英妙之徒，相与竞嬖宠，并修敕；理桂襟，整服饰。黛玄眉之琰琰，收红颜而发色。流盼闲步，轻袂翼翼。恃炫艳以相邀，常逍遥而侍侧。昔先王兴道立教，崇冲让以致贤，不留志于华好。

钿是金属制成的发饰，图案以花为主，常称为金钿或花钿。钿和步摇都只是装饰，不起固定头发的作用。

花是最为新鲜美丽的头饰之一，人们喜欢将喜爱的花戴在鬓上。隋唐时流行花冠，皇后的礼冠规定要插十二支花，是非常华贵的花冠。明代宫女们也在帽子上簪花示人。在《红楼梦》中，刘姥姥带花一节可以看出古人们对鲜花的喜爱。

此时众人正在大观楼内坐着，便有碧月捧了一个翡翠盘子来，里边盛着各式花样，贾母便拣了一朵簪于鬓上。又招呼了刘姥姥过来带花，凤姐见了，忙拉了刘姥姥来，笑道："让我打扮你。"说着，将一盘子的花差了她一头，众人笑得不得来，刘姥姥笑道："我今日里到成了个老风流了。"

古代女子除了发饰，更加离不开的是胭脂、粉黛。"毛嫱天下之姣人也，待脂粉香泽而后容"，女子即使天生丽质，也需要借助脂粉来展示光彩。在各个朝代，脂粉的花费都是后宫费用的一大项。隋炀帝宫中的女子喜好画长蛾眉，于是后宫每天需要消耗五斛产自波斯的螺子黛粉。明末宫中的脂粉钱一年需要四十万两银子。不仅古代女子喜欢粉妆，连男子也会把自己粉饰起来。南北朝时期，南朝皇帝被称为傅粉郎君，金代的几个皇帝都有傅粉的嗜好。明代皇帝在上朝前，必用粉傅面及颈，以显示自身的容光和肃穆。

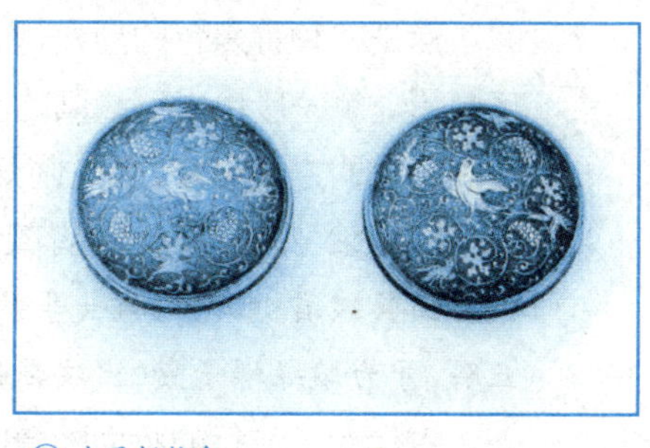

◎ 女子铅粉盒

铅粉自古被用来作为女子的化妆品，据《博物志》记载，纣最先烧制铅锡作粉，铅粉可以使皮肤显得润滑白净。秦穆公的女儿弄玉与萧史相恋，萧史教她烧水银作粉，叫作飞云丹。但其实铅粉含有毒素，长期使用对身体有害。贾思勰在《齐民要术》中记载了用大米为原料制粉的方法。明代后妃宫女用紫茉莉的种子制粉。古人还常用花制作化妆品,如玉簪花、蔷薇花等。

胭脂则是古代女子化妆的另一种主要用品。一般分为用来饰面和点唇两种。搽面的胭脂可以制成粉状,而点唇的胭脂一般做成脂状,称为口脂或唇脂。《红楼梦》中"平儿理妆"一节提到了用茉莉制粉和使用胭脂的细节。

平儿听了有理,便去找粉,只不见粉。宝玉忙走至妆台前,将一个宣窑磁盒揭开,里面盛着一排十根玉簪花棒,拈了一根,递与平儿,又笑向她道:"这不是铅粉。这是紫茉莉花种,研碎了,兑上料制的。"平儿倒在掌上看时,果见轻白红香,四样俱美,扑在面上也容易匀净,且能润泽,不像别的粉轻重涩滞。然后看见胭脂也不是成张的,却是一个小小的白玉盒子,里面盛着一盒,如倒膏子一样。宝玉笑道:"那市卖的胭脂都不干净,颜色也薄。这是上好的胭脂拧出汁子来,淘澄净了渣滓,配了花露蒸叠成的。只用细簪子挑一点儿抹在手心里,用一点水化开抹在唇上;手心里就够打颊腮了。"平儿依言妆饰,果见鲜艳异常,且又甜香满颊。

黛是一种青黑色的颜料,古时女子将原本的眉毛剃去,以黛画眉。黛一般由书写绘画的墨加上麝香等香料制成。西域人制作黛的方法更好,因此隋炀帝时,就从西域购买螺子黛,宫中称为蛾子绿。唐代学者颜师古《隋遗录》中记载:"吴绛仙善画长蛾眉,由是殿脚女争效为长蛾眉,司宫吏日给螺子黛五斛,号为蛾绿螺子黛,出波斯国,每颗值十金。"

古代女子流行的妆面随着时间推移不断地改变。东汉曾盛行"啼妆",安史之乱发生之前,唐宫女仿效杨贵妃在两颊涂素粉而不施胭脂,号称"泪妆"。宋理宗的宫人在眼角点粉，也称作“泪妆”。古代女子化妆的变化主要是在额和颊，通过改换颜色和花样，以及改变眉毛的浓淡和眉形来形成妆面的变化。南北朝和唐朝盛行额黄妆，以不同的黄色颜料在额头画月形黄。传说唐代流行的梅花妆来源于南朝宋武帝的女儿寿阳公主的一个故事。公主曾卧于含章殿檐下，一朵梅花飘落在她额上，印出五瓣花形，十分美观，于是宫人纷纷相仿。唐代的女官上官婉儿广闻博识，据说她发掘了前代的梅花妆而使之在唐宫流行。工人们用金银锡箔制成梅花图案，贴在眉心，这种化妆的方式一直延至宋代。

女子对眉毛的描绘是在面部化妆中是变化最多最微妙的。八字眉曾经流行一时，眉形表现为眉尖高而眉梢低。八字眉有长短粗细之分，从古代画像上看，盛唐时宫女都爱短而粗的八字眉。八字眉最能影响面部表情，显示出娇美之态。蛾眉几乎从不过时，它粗且长，能显示出面部的神采。远山眉相对柔和，眉形弯细而淡，汉成帝的宠妃赵合德喜就喜爱画远山黛，看起来十分妩媚。

自由多变的衣饰潮流

讲究美丽的古代女子更注重服饰，而且自由多变，服饰也同发型等装饰一样，随着时代变迁形成各种风尚。南北朝时期，南朝出现了宽袖热，直至隋唐，贵族女子仍然喜爱宽袍广袖。北朝宫中流行窄袖衣，在唐初至盛唐时期更受欢迎。窄袖衫实际上是胡服中男装的式样，但在开元天宝年间，宫女穿男装成为一种时尚。胡服便于骑马，因此受到宫女们的喜爱。盛唐时期，整个社会充满豪爽之气，女子不仅可以穿柔美的红装，也喜欢穿便于活动的男装。

在盛唐之前，宫女骑马一般穿着一种能够遮蔽全身的衣服，称为“幂”，以防被人窥视。到武则天时，幂不再盛行，而代之以帷帽，这是一种形似雨笠的帽子，帽檐有黑网垂到颈部，可以遮挡面目。到玄宗时期，宫女改戴胡帽或者幞头，或不戴帽子，“**靓妆露面，无复障蔽**”，穿着窄袖圆领的男装。直到安史之乱打击了唐宫胡服的盛行，此后，后妃宫女们逐渐抛却了窄袖袍衫，回归宽袍广袖。

秦以前的女服是衣裳相连的一片式，之后女子改穿短衫。到唐朝时期，女子的服装一般是上身衫襦，下身长裙。盛唐时期，由于观念的开化，女子开始穿开到半胸的窄袖或宽袖短衫。女子的裙装种类繁多，隋至唐初人们喜欢较窄的裙子，到盛唐之后裙子愈加宽大，飘动感很强。裙的颜色多为红、黄、绿等鲜艳的颜色，杨贵妃尤喜着黄裙。唐中宗的安乐公主拥有两件百鸟裙，采百鸟羽毛织成，颜色千变万化，闪烁着百鸟图案，是稀世珍品。花笼裙是用丝织成的薄而透明的裙子，上面加绣花鸟图案。

◎ 大周仕女胡服图

唐代后妃宫女喜欢在肩上披着如现在的披肩一样的织物，上面绣着花卉等图案，称作披帛和帔肩。唐代民女未出嫁时用披帛，出嫁后则用帔肩。唐玄宗开元年间，要求妇女在随侍和参加后廷宴会时，披有图案的披帛。宫女们在端午节要披较为华丽的披帛，叫作奉圣巾或续寿巾。宋代时宽衣大袖一般是礼服，只有在礼仪活动中才可穿着，日常则穿窄袖便装。宋代宫廷女子的日常服装一般有两种式样，一种上身为窄袖短衫襦，下身是拖地长裙。裙装以多褶为美，褶更多而细密的裙子，称为千褶裙，由于继承了唐代的服装样式，一般还要拖地数寸。宋理宗时，宫中时兴前后不缝合的拖地裙，叫作“赶上裙”。另一种服装的上衣是窄袖长衫，外套是对襟背子，背子是由中单加长变化而成的，区别是中单在腋下缝合，下有交带，而背子在腋下不缝合，没有带子，长至脚面。

明代宫女的官服沿用宋代规定，一般是紫色、团领、窄袖。其实明代还有一种盛行的服装是从元代宫中继承而来，称作比甲。比甲无领无袖，前面比后面稍短，两侧开衩处各有一个襻扣作为修饰，这种服装便于骑马，而且前胸后背都能得到保暖，同时手臂还能够活动自如。明代的女子尤其是贵族女子喜欢穿自己设计制作的服装。明熹宗的张皇后用白绫搭配桑色绫，制成鹤氅式新衣，称为霓裳羽衣。崇祯时，宫女们竞效周皇后，以穿素白色的纱衫为美，

中国古人十分讲究女性的容饰，“妇人貌不修饰，不见君父”。妇女修饰容貌成为必须遵守的社会道德。《战国策》中说：“士为知己者死，女为悦己者容。”爱美是人特别是女子的天性和本能。即使生活在社会底层的贫困妇女，稍有条件都会使用胭脂，女子每日对镜梳妆更是必修课。

古人对奇装异服的爱好远远超过今人的想象，甚至一国之君也不乏对奇装异服的闲情。战国的邹君喜欢冠系长缨，于是邹君身边的臣子甚至百姓都系上了长缨。齐桓公喜欢穿紫色的衣裳，结果全国人都争相穿紫色衣服，导致紫色服装涨价，有人想用五件素衣换一件紫衣而不可得。楚文王喜欢戴

獬冠，转眼间楚国上下纷纷效仿，所谓“宫中好高髻，四方高一尺。宫中好广袖，四方全匹帛”。但是君主们并不欣赏百姓的“跟风”，他们从来只愿意独享。于是汉唐以来，百姓不敢再效仿皇帝的服装式样和颜色，但皇帝却常常借鉴民间流行的服装装饰。朱元璋晚年微服到神乐观，见路上有人头裹网巾，他很喜欢这种样式，不久之后，宫中众人也开始带网巾。

古人在鞋袜上也有很多讲究。汉代规定皇帝祭祀之时需要穿“舄”。舄是一种双层底的鞋子，最下面是木头，上涂一层乾蜡防泥防水，实用而精致。汉孝文帝所穿的舄用革制成，叫作革舄。唐宋的礼服需要搭配赤舄，唐代的舄还会加上金饰。宋舄也用金玉装饰。宋代朝服配黑舄，用皮革制成；日常服装则配白舄，由丝绵制成。履则指单底鞋。古代庶人穿草履，有钱人家穿丝履，皇帝的履一般用乌皮制成。唐宣宗为尊崇孔子，设计了仿孔子所穿式样的鞋，名鲁风鞣，引起众臣仿效，稍改式样之后称为遵王履。明代皇帝平时穿玄履，用朱缘、红缨、黄结等进行装饰。而屦是用麻、葛制成的单层底的鞋，比履的样式更加简洁。

屐是用木头制成的底较厚的鞋，下有齿，也可无齿，出门行路可以防滑、耐磨。李白在《梦吟天姆吟留别》中写道：“脚着谢公屐，身登青云梯。”所谓“谢公屐”，是指魏晋著名文人谢灵运登山之时所穿的木屐，鞋底安有两个木齿，上山支其前齿，下山支其后齿，便于走山路。后来流行的靴子源自胡服，引进中原之后成为军士的装备之一，也受到皇室的欢迎。隋文帝曾穿着六合靴上朝，于是六合靴逐渐成为皇帝专属的鞋子。宋代几次更定舆服制度，朝服用履还是靴反复多次，其中靴子用黑革制成，鞋底鞋面与履相似，只是增加了长筒。大宴时群臣都穿皂文靴。

袜，足衣也。古人的袜子没有松紧弹性，只能用袜带固定。袜带常常会松开断裂，发生在一国之君身上往往不免尴尬。一次，周武王罢朝时袜带断了，但他环顾左右，都没能找到可代替袜带的东西。传说武王率军伐纣时，行军至商山，袜带松开了，身边的五个臣子都不肯为他系上，都说“臣所以事君，非为系袜”。是否穿好袜子虽然看似细枝末节，但有时也会成为人们评判他人的标准。汉成帝时，中山王觐见，成帝与他一同进餐，并在旁一直观察他，他发现中山王吃饱后站起来时，袜带松开了，便认为中山王无能。因此成帝在皇侄中选择继承人时，完全没有考虑中山王。

缠足是源自中国古代宫廷的一项独特的发明。自从宋代以后，波及民间，以至于裹足成为妇女的必修课。缠足创始于五代十国中的南唐。南唐李后主为宠妃缠足，用帛缠绕其足，还迫使之弯曲，成为新月形状。李后主无比赞赏缠足，于是宫中的女子纷纷效法，为自己缠足，希望以此获得皇帝的宠爱。缠足一事由此逐渐地遍布宫廷，甚至深入民间习俗。

宋明时期，缠足已经成为一种无可置疑的美，女子为了出嫁顺遂，为夫家所喜，几乎都开始缠足。文人墨客也喜欢在诗文之中赞美纤足。女子缠足后，站立、行走便成为累事，行动如弱柳扶风。当时的男子眼中，形成了以弱为美的审美观念，更加肯定了纤足的美。缠足的女子需要将两腿及盆骨肌肉绷紧，才能站稳、走好，这种一摇一摆的样子在男人眼中更是小巧、可怜，所以受到男子的欢迎。直到喜

◎ 小脚鞋

好强健的清代统治者上台，才严令禁止后妃宫女缠足。作为马背上的民族，他们显然认识到了汉民族以弱为美的观念容易导致百姓体魄的软弱。

缠足开始流行之后，与之适应的尖头鞋也开始流行。唐代之前，女子的鞋一般为圆头或方头，唐代盛行重台履，履底较厚，履头高高翘起，被制作成花状、鸟状、笏状等，可以露在裙袍外面。宋代流行过翘头履和红靴，弓鞋也是在宋代出现的。弓鞋就是缠足的小脚穿的尖头鞋，一般为木底缎面，面上绣花，女子缠足后常有足臭，所以鞋中要放入一些香料。自穿上弓鞋后，妇女的鞋头不再露出裙衫外。清代后妃宫女不缠足，盛行穿花盆底鞋，木底，底高二三寸或者更高，呈花盆状，袍的下幅将鞋罩住，显示身材高挑，在清宫戏中常常可以看到花盆底鞋的样子，倒是与如今的高跟鞋异曲同工。

第二节 一亭聊复寄闲情
——园林艺术

施法自然的园林艺术

园林一直是古人闲情生活的重要组成部分。“宁可食无肉，不可居无竹”，居住环境的优美是古人尤其是贵族、士大夫积极追求的。古代园林对自然的极度重视，是中国“天人合一”民族文化的表现，也是中国园林的独到之处，使它们具有了永恒的艺术生命。

商周时期，人们已经开始利用自然条件，以山泽、水泉和鸟兽为装饰进行最早的造园活动。周武王曾建“灵囿”，圈定一定的场地，种草植树，让鸟兽自由地滋生繁育。还挖池筑台，以供贵族皇族狩猎游玩。春秋战国时期，园林中已经有了初成规模的人造风景。皇室贵族不仅依靠自然山水修建园林，而且加入了设计的成分，在园林之中搭建小桥亭子，种植花木，豢养珍禽异兽。此时这种园林意境不再是简单的“囿”了。

◎ 园林图

秦汉时期，秦始皇建上林苑，引入渭水作长池，并在池中建筑假山，仿照蓬莱山以象征神山仙境。魏晋南北朝时期，中国园林发展出现了转折点。老庄哲学和佛教的流行使得园林转向崇尚自然。同时，随着生产力的发展，私家园林逐渐增多。唐宋时期，官员、贵族和文人墨客开始参与造园工作，他们将诗和画融入园林的布景之中，园林的造型和布置变得更加诗意化。明清时期，园林艺术更加精巧，北方的帝王园林和江南的私家园林都有了很大的进步。保留至今的古代园林一般都是明清时代的，它们充分展现了古代园林的独特风格和高超艺术。

“施法自然”一直是建造园林的标准之一，包含两个方面。一方面要求园林的总体布局和组合要合乎自然。山水的配合，人造假山中峰、涧、坡、洞各个景象的组合，也要符合自然界山水的客观规律。另一方面要求山水景象的组合要合乎自然规律。由于园林中的假山峰峦是人工使用石料堆叠而成，所以堆砌时要仿造天然岩石的纹脉，尽量减少人工的痕迹。水池也要求达到自然曲折、高下起伏的效果。同时园林的花木布置也应该疏密相间，追求天然野趣。

空间的合理利用也是中国园林艺术的追求之一。中国古典园林的美就在于大空间的和谐，小空间的唯美，以及不同空间的融合。通过空间自然的搭配，达到完美的结合，可谓“高高下下天成景，密密疏疏自在花”。人们将通过建筑和花木来分隔空间，制造更丰富的空间感受的方式称为“隔”。“隔”力求在视角上扩大突破园林本身有限的空间，并使之融于自然，表现自然。要求形神兼备，情景交融，虚实相生，以有限的空间表现无限的景致。

如果只是将一个个独立的空间进行堆叠，很难产生美感。中国古典园林的巧妙在于别具匠心，将景与景，空间与空间巧妙搭配结合，形成更加丰富幽深的景致。例如空间与空间，以墙壁相隔，有廊子界开，层次多了，景致就见得深了。但墙壁上有精致的花窗，廊子大多没有遮拦，实际是隔而不隔，界而未界，因而更增加了景致的深度，达到仿佛在景致对面放置镜子的效果，使得层次更多了，给人更大的空间感受。

◎ 苏州园林

人们通过种种方法，将园内空间与自然空间相融合。例如花窗的运用，花窗是一种满格的装饰性透空窗，外观是不封闭的空窗，窗洞内装饰各种镂空图案，看似与外部隔开，实际还是相连的。这种花窗在江南园林中得到广泛应用，它们使空间流通，视觉通透，达到“隔而不绝”的效果。在花窗内可以见到玲珑剔透的花饰图案。透过花窗可以看到窗外的花草竹木，亭台楼阁时隐时现，远空蓝天白云，形成幽深宽广的空间境界和意趣。《红楼梦》的大观园，即遵守了园林“隔”的特点。

贾政先秉正看门，只见正门五间，上面桶瓦泥鳅脊，那门栏窗槅，皆是细雕新鲜花样，并无朱粉涂饰，一色水磨群墙，下面白石台矶，凿成西番草花样。左右一望，皆雪白粉墙，下面虎皮石，随势砌去，果然不落富丽俗套，自是欢喜。遂命开门，只见迎面一带翠嶂挡在前面。众清客都道：“好山，好山！”贾政道：“非此一山，一进来园中所有之景悉入目中，则有何趣。”众人道：“极是。非胸中大有邱壑，焉想及此。”说毕，往前一望，见白石崚嶒，或如鬼怪，或如猛兽，纵横拱立，上面苔藓成斑，藤萝掩映，其中微露羊肠小径。

园林之中的建筑种类多样，有堂、廊、亭、榭、楼、台、阁、馆、斋、舫、墙等。这些建筑的布局和造型同样需要与园林自然景致的配合，才能达到浑然天成的效果。假山虽然是人工搭建而成，但是选用的石纹，形成的石洞、石阶、石峰等都要具有自然美。人工引水造成的河渠、湖泊，岸边曲折自如，水清澈灵动，自然宁静。因此所有建筑，其形与神都

◎ （明）文徵明《东园图》

要与所处的自然环境吻合,同时又和园内各部分自然相接,以使园林体现自然、恬静的艺术特色,并实现观赏效果。园林艺术中对树木花卉的安设,也讲究自然和谐。

皇家园林与私家园林

中国古代园林按照所有者的区别,可分为皇家园林和私家园林两种。几乎每个朝代都会修建皇家园林。"普天之下,莫非王土",所以皇家园林的特点是一般是规模宏大,更多地使用真山真水,园中建筑富丽堂皇,体型高大。现存的颐和园、承德避暑山庄都是清代皇家园林,从中可见清代统治者的审美喜好。

皇家园林一般严肃而富丽,园林中一般建有统治者起居议事的宫殿,并常有庙宇布置其中,成为园林的构图中心。相传秦始皇所建阿房宫,"五步一楼,十步一阁",汉代未央宫"宫馆复道,兴作日繁"。到清代时,园内建筑的数量和类型增加了,同时凭借皇家财力的雄厚,建筑的形式美得到了突出,成为体现皇家气派的最主要手段之一。清代皇家园林雍容华贵、金碧辉煌,充分体现了浓郁的华丽高贵的宫廷色彩。

以保存相对完好的颐和园为例,来看皇家园林的范例。颐和园坐西朝东,正门现在是东宫门。门楣、檐下用油彩描绘了华丽的图案。六扇朱红色大门上嵌着整齐的黄色门钉,中间檐下挂着九龙金字大匾,上书"颐和园"三个大字,为光绪皇帝御笔亲题。门前是以云龙石雕刻的二龙戏珠,是乾隆年代所刻,是从原圆明园移至此地的,这是皇帝尊严的象征。东宫门当年只供清朝帝后出入。园林中的建筑风格一致,红墙绿瓦处处可见,雕栏画栋色泽艳丽,院中的陈列雕饰也非常精美。

颐和园中的自然景观以万寿山和昆明湖为主。万寿山是燕山余脉的一支，高六十余米。万寿山的前山上，以佛香阁为中心，形成一系列建筑群。后山有西藏佛教建筑以及五彩琉璃多宝塔。山上还有各种亭台楼阁，可俯瞰昆明湖的景色。万寿山的前山濒临昆明湖，湖山相衬，构成一个极其开阔的自然环境。湖、山、岛、堤以及建筑，配合着园外的借景，形成如锦似绣的风景画卷。

◎ 颐和园

万寿山前山其余地段的建筑形体不大，自然而疏朗地散布在山上。仿似明珠一般镶嵌在葱茏的苍松翠柏之中，用以烘托端庄、典丽的中央建筑群。登上万寿山，站在佛香阁的前面向下望，颐和园的景色大半收在眼底，葱郁的树丛，掩映着黄的绿的琉璃瓦屋顶和朱红的宫墙。正前面，昆明湖静得像一面镜子，绿得像一块碧玉，游船、画舫在湖面慢慢地划过，几乎不留一点痕迹。向东远眺隐隐约约可以望见几座古老的城楼和城里的白塔。

万寿山顶最高处的宗教建筑，名曰“智慧海”。此词为佛教用语，意在赞扬佛的智慧如海，佛法无边。这是一座完全由砖石砌成的佛殿。用精美的黄、绿两色琉璃瓦装饰建筑外层，上部用少量紫色、蓝色的琉璃瓦盖顶，整座建筑显得色彩鲜艳，富丽堂皇。殿外壁面镶嵌了千余尊琉璃佛，极富特色和美感。“智慧海”虽然看似极像木质结构，但实际上没用一根木料，而是全部用石砖砌成的，也没有枋檩承重，所以又称“无梁殿”。殿内供奉了无量寿佛，所以也被称为“无量殿”，是颐和园中极富特色的建筑。

后山的景观与前山迥然不同，富于山林野趣，其中林木蓊郁、山道弯曲、景色幽邃。除中部的佛寺“须弥灵境”外，建筑物相对集中，自成一体。它们或踞山头，或倚山坡，或临水面，均能随地貌而灵活布置。其中的谐趣园原名惠山园，是模仿无锡寄畅园而建的一座园中园。全园以水面为中心，以水景为主体，环池布置清朴雅洁的楼、榭、亭、轩等建筑，曲廊连接，间植垂柳修竹。池北岸叠石为假山，从后湖引来活水注于池中。流水叮咚，以声入景，更增加了这座小园林的诗情画意。

◎ 昆明湖

昆明湖是颐和园的主要湖泊，占全园面积的四分之三，约有二百二十公顷。南部的前湖区碧波荡漾，烟波浩渺，西望山峦起伏，北望楼阁成群。湖中有一道西堤，堤上桃柳成行；十七孔桥横卧湖上，湖中三岛上也有形式各异的古典建筑。昆明湖是清代皇家园林中最大的湖泊，湖中的西堤自西北逶迤向南，将湖面划分为三个大小不等的水域，每个水域各有一个湖心岛。这三个岛在湖面上成鼎足而峙的布列，象征着中国古老传说中的东海三神山：蓬莱、方丈、瀛洲。由于岛堤分隔，湖面出现层次，避免了单调空疏。

西堤以及堤上的六座桥是有意识地模仿杭州西湖的苏堤和“苏堤六桥”，使昆明湖益发神似西湖。西堤一带碧波垂柳，自然景色开阔，园外的玉泉山和山顶的玉峰塔影倒映湖上，也成为园景的组成部分。园外之景和园内湖山浑然一体，是中国园林中运用借景手法的杰出范例。湖区建筑主要集中在三个岛上。湖岸和湖堤绿树荫浓，掩映潋滟水光，呈现一派富于江南情调的近湖远山的自然美。

◎ 苏州园林冬景

私家园林包括皇家宗室外戚、王公官吏、富商大贾、文人墨客所有的休闲园林。其特点是规模较小，所以常用假山假水，建筑小巧玲珑，表现其淡雅素净的色彩。现存的私家园林有北京的恭王府，苏州的拙政园、留园、沧浪亭、网狮园等。苏州的私家园林最为出色。叶圣陶先生所作的《苏州园林》一文中有这样的描述：

设计者和匠师们因地制宜，自出心裁，修建成功的园林当然各各不同。可是苏州各个园林在不同之中有个共同点，似乎设计者和匠师们一致追求的是：务必使游览者无论站在哪个点上，眼前总是一幅完美的图画。为了达到这个目的，他们讲究亭台轩榭的布局，讲究假山池沼的配合，讲究花草树木的映衬，讲究近景远景的层次。总之，一切都要为构成完美的图画而存在，决不容许有欠美伤美的败笔。他们惟愿游览者得到“如在画图中”的美感，而他们的成绩实现了他们的愿望，游览者来到园里，没有一个不心里想着口头说着“如在画图中”的。

私家园林空间有限，规模要比皇家园林小得多，又不能将自然山水圈入园内，因而多以人工之力构成以小见大的自然山水意境，造园手法丰富多彩。私家园林一般活泼而典雅，造型玲珑空透，并不拘泥于居住或观赏两种功能。私家园林多处市井之地，很难全部选用自然山水。布局常选取一定的范围内精心营造，一般以厅堂为园中主体建筑，景物紧凑多变，用墙、垣、漏窗、走廊等划分空间，大小空间主次分明、疏密相间，构成有节奏的变化。园林整体常以多条观赏路线联系起来，道路迂回蜿蜒，主要道路上往往建有曲折的走廊。池水以聚为主，以分为辅，形状并不规则，用桥、岛等使水面相互渗透，更加幽深曲折。

私家园林历史同样悠久。东晋顾辟疆在苏州所建的辟疆园，应当是江南最早的私家园林了。汉初商业发达，富商大贾的奢侈生活不在王侯之下。地主、大商为此也建造园林，来满足他们闲情生活的需要。据《西京杂记》记载："茂陵富民袁广汉，藏镪巨万，家童八九百人。于北邙山下筑园，东西四里，南北五里，激流水注其中。构石为山，高十余丈，连延数里。养白鹦鹉、紫鸳鸯、牦牛等奇兽珍禽，委积其间。积沙为洲屿，激水为波涛，致江鸥海鹤孕雏产彀，延馒林池；奇树异草，靡不培植。屋皆徘徊连属，重阁移扉，行之移晷不能偏也。"

在三国魏晋时期，产生了许多擅长山水画的名家，他们善于画山峰、泉、丘、壑、岩等。在山水画的出现和发展的基础上，由画家所提供的构图、色彩、层次和美好的意境往往成为造园艺术的借鉴。这时文人士大夫更是以玄谈隐世，寄情山水，以隐退为高尚，更有的文人画家以风雅自居。因此，该时期的造园活动将"诗情画意"运用到园林艺术之中，为隋唐山水园林艺术的发展打下了基础。

唐代时期，洛阳作为陪都，于是很多贵族官僚在洛阳兴建了私家园林。单是北宋李格非所作的《洛阳名园记》中，就介绍了十九个洛阳名园，多数是在唐朝庄园别墅园林的基础上发展而成的，但在布局上已有了变化。它与以前园林的不同在于，将园景与住宅分开，园林单独存在，专供人们闲情娱乐、游赏宴饮之用。

◎ 园林秋景

明、清是我国园林建筑艺术集大成的时期，除了规模宏大的皇家园林之外，贵族、官僚、文人为了满足家居生活的需要，还在城市中大量建造以山水草木为主体的园林，以供日常聚会、游息、宴客、居住。士大夫的私家园林，一般建在城市之中或近郊，与住宅相连。在不大的面积内，追求空间艺术的变化，风格素雅精巧，满足欣赏的要求。

江南私家园林不仅强调自然风景之美，还重视室内的陈设，讲究在室内摆设各种字画、工艺品和精致的家具。这些工艺品和家具与建筑功能相协调，经过精心布置，形成了我国园林建筑特有的室内陈设艺术，这种陈设又极大地突出了园林建筑的欣赏性。明清江南私家园林的造园意境达到了自然美、建筑美、绘画美和文学艺术的有机统一。与一般艺术不同的是，它是由建筑、山水、花木组成的综合艺术品。园林艺术的发展不断受到园林主人审美观念、闲情意趣的推动，呈现各种各样的变化和风格。成功的园林艺术，既能再现自然山水美，又高于自然，但又不露人工斧凿的痕迹。

第三节 高情闲出任君弹
——戏曲艺术

古代戏曲的流行与发展

戏曲与其他艺术形式不同,既可以作为阅读的文本存在,包括剧本的情节、文辞、声韵等,又有着复杂的表演形式,包括唱、念、做、打以及舞台布景、音乐伴奏等,是一门综合性的艺术。俗语说,会看戏的看门道,不会看戏的看热闹。戏曲适合各种文化程度的人观赏,在古代受到广泛的欢迎。戏曲从萌芽到成熟,经历了复杂的发展过程,发展的线索不只一条,来源也不只一处,无论内容还是形式,都具有源远流长的历史。简言之,它发端于先秦两汉,酝酿于隋唐,形成于宋,繁荣兴盛于元,发展演变于明清。今天,中国戏曲仍然非常活跃,形成以京剧为代表,由众多地方戏曲组成的戏曲大家庭,丰富着人们文化生活,为大家带来无数欢乐与闲情。

戏曲艺术在古人的闲情生活中占有重要地位。古人生活的物质条件相对低下,因此戏曲、说唱等内容丰富、娱乐性强的表演受到广大人民的欢迎。官宦福贵人家一般会蓄养自己的戏班子,简称家班,以供主人家对戏曲欣赏的不时之需。一般平民百姓则随机缘看戏,例如戏班子来到当地表演,重大节日之时官府请戏班演习等。戏台一般有露天场地、堂会、庭院等。其中寺庙、祠堂以演神戏为主，有时也演出一般戏曲。说唱艺人一般在茶楼饭铺表演，相对比较固定。张岱在《陶庵梦忆》中回忆了著名说书艺人柳敬亭说书的盛况。

南京柳麻子，黧黑，满面疤瘰，悠悠忽忽，土木形骸，善说书。一日说书一回，定价一两。十日前先送书帕下定，常不得空。南京一时有两行情人：王月生、柳麻子是也。余听其说《景阳冈武松打虎》白文，与本传大异。其描写刻画，微入毫发，然又找截干净，并不唠叨。勃夬声如巨钟，说至筋节处，叱咤叫喊，汹汹崩屋。武松到店沽酒，店内无人，謈地一吼，店中空缸空甓皆瓮瓮有声。闲中着色，细微至此。主人必屏息静坐，倾耳听之，彼方掉舌。稍见下人呫哔耳语，听者欠伸有倦色，辄不言，故不得强。每至丙夜，拭桌剪灯，素瓷静递，款款言之，其疾徐轻重，吞吐抑扬，入情入理，入筋入骨，摘世上说书之耳而使之谛听，不怕其不齰舌死也。柳麻子貌奇丑，然其口角波俏，眼目流利，衣服恬静，直与王月生同其婉娈，故其行情正等。

乡村民众看戏的地方比较随意，或坡地，或林边，或平原旷地，都可以成为表演的舞台。苏州地区二三月间，“里豪市侠，搭台旷野，醵钱演剧，男女聚观，谓之春戏台”。陕西乡民也喜欢在开阔之地搭台演出。露天戏台装饰简陋，一般在看戏时临时搭建，表演完成就会被拆除。艺人在观众中间演出，与观众的距离很近，便于交流。夜间看戏时，人们会在戏场点燃火把、蜡烛或油灯，以供照明。如果人们经常聚在一处看戏，往往会使该处成为相对固定的看戏地点。这些台戏经过不断增修改造，一般能保留较长时间，甚至成为长久的戏台。

《中国戏班史》中记录了一则看戏成痴的故事，可见当时

◎ 京剧花旦

戏曲的流行和表演的高超。

明季吴县洞庭山乡，有樵子者，貌髯而伟，姓名不著，绝有力，髯目不知书，然好听人谈古今事，常激于义，出言辩是非，儒者无以难。尝荷薪至演剧所，观《精忠传》。所谓秦桧者出，髯怒，飞跃上台，摔桧殴，流血几毙。众咸惊救。髯曰："若为丞相，奸似此，不殴杀何待？"众曰："此戏也，非真桧。"髯曰："吾亦知戏，故殴，若真，膏吾斧矣！"其性刚疾恶类如此。

先秦是戏曲的萌芽期，从原始歌舞、祭祀礼仪、巫觋扮演发展而来。《书经·舜典》记载了最早的歌舞："予击石拊石，百兽率舞。"《吕氏春秋·古乐》对先民的歌舞进行了记载："昔葛天氏之乐，三人操牛尾，投足以歌八阕：一曰载民，二曰玄鸟，三曰遂草木，四曰奋五谷，五曰敬天常，六曰达帝功，七曰依地德，八曰总禽兽之极。"

戏曲的发展经过了漫长的时间，到元代达到顶峰。元杂剧主要由唱曲、宾白和表演三部分组成，一般一本四折，一折戏只用一套曲子，由同一宫调的不同曲子组成，一般顺序固定。元杂剧属于北曲，主要使用琵琶等弦乐，风格豪放激越。元杂剧一般有三种角色：末、旦、净，而一本戏中只由一人主唱。由正末演唱的戏为"末本戏"，由正旦演唱的戏为"旦本戏”，而“科范”是用来规定动作表情以及舞台效果的。

元杂剧与明清传奇

元杂剧创作风起云涌，涌现出一批成就卓著的戏剧作家和演员，“元曲四大家”有关汉卿、郑德辉、白朴、马致远。《窦娥冤》《单刀会》《望江亭》《倩女离魂》《梧桐雨》《汉宫秋》都是脍炙人口的佳作。伟大的戏剧家王实甫创作的《西厢记》被称为“夺天下魁”，是元代戏曲成就最高的代表作。

◎ 西厢记

《西厢记》中的故事源于唐元稹的《莺莺传》。《莺莺传》又名《会真传》，讲述了张姓书生在蒲郡普救寺救了崔莺莺，两人互相爱慕，在西厢私订终身。但后来张生参加科举考试，从此不归，以“大凡天之所命尤物也，不夭其身，必妖与人。予之德不足以胜妖孽，是用忍情”的理由，背弃莺莺。《莺莺传》问世之后，不断被改编为民间说唱文学和戏曲作品。著名的有诸宫调长篇作品《董西厢》。但由于《莺莺传》中对张生道貌岸然的始乱终弃行为采取了赞扬的态度，很多读者并不赞成这个结尾，于是在一些改编作品中，改编者将故事改为更加符合读者期待的结尾。王实甫的《西厢记》在原始的《莺莺传》和《董西厢》的基础上进行加工，使得张生与崔莺莺的故事更加婉转动人，在反对封建婚姻，追求纯真爱情这一点上，得到了读者的认同，因此无论在文学上还是戏曲表演上，都取得了巨大的成功。

戏曲到明清两代分为杂剧和传奇两大类。明清传奇与宋元南戏一脉相承。南戏是南曲戏文的简称，元末明初之时，出现了较为成熟的剧本《琵琶记》《荆钗记》《刘知远白兔记》《拜月亭记》《杀狗记》等，即所谓荆、刘、拜、杀四大院本。《琵琶记》因其高度的艺术成就被称为"南戏之祖"。《琵琶记》的前身是宋代戏文《赵贞女蔡二郎》。故事的主要内容是蔡二郎应举考中了状元，但他贪恋功名利禄，抛弃双亲和妻子，入赘相府。其妻赵贞女在饥荒之年，独力支撑门户，赡养公婆，竭尽孝道。公婆死后，她历尽艰难，埋葬了公婆，然后身背琵琶，上京寻夫。可是蔡二郎不仅不肯认她，还放马踩踹，致使天神震怒，蔡二郎五雷轰顶而死。

传说戏文中的蔡二郎，就是汉代著名文士蔡邕。但这段戏文只是民间传说。陆游在《小舟游近村舍舟步归》写道："斜阳古柳赵家庄，负鼓盲翁正作场。死后是非谁管得？满村听说蔡中郎。"可见该故事流传之广。《琵琶记》基本继承了《赵贞女》的故事框架。它保留了赵贞女的"有贞有烈"，但对蔡伯喈的形象做了全面的改造，让他成为"全忠全孝"的书生。为了终养年迈的父母，他本来并不热衷于功名，于是辞试不从，辞官不从，辞婚不从，这"三不从"导致一连串的不幸，落得个"可惜二亲饥寒死，博换得孩儿名利归"的结局。

传奇和杂剧同为戏曲艺术，但由于兴起的地区不同，在体制、唱腔、演出形式上和杂剧有许多不同。传奇称出不称折，每本戏通常有十出。万历之后，传奇创作名家辈出、佳作纷呈，明代三大传奇为《宝剑记》《浣纱记》和《鸣凤记》。

缠绵悱恻《牡丹亭》

◎《牡丹亭·游园》图

《牡丹亭》是汤显祖的代表作，也是中国戏曲史上的浪漫主义杰作。讲述了杜丽娘和柳梦梅生死离合的爱情故事，洋溢着追求个人幸福、呼唤个性解放的浪漫主义理想，感人至深。杜丽娘是中国古典戏曲之中最动人的女性形象之一。《牡丹亭》通过杜丽娘与柳梦梅的爱情婚姻，喊出了要求个性解放、爱情自由、婚姻自主的呼声。《牡丹亭》文辞典丽，宾白幽默，曲词优美婉转。明代评论家吕天成称之“惊心动魄，且巧妙迭出，无境不新，真堪千古矣”！

《牡丹亭》自明代上演后，就吸引了无数痴男怨女为之伤心泪下，在青年女子之中造成了极大的影响，甚至有很多女子为之太过伤心而死。很多文人诗话和笔记中，都记载了关于阅读《牡丹亭》的故事。《石间房蛾木堂随笔》记录了一则关于饰演杜丽娘的演员商小玲的故事。

杭州有女伶商小玲者，以色艺称，于《还魂记》尤擅长。尝有所属意，而势不得通，遂郁郁成疾。每作杜丽娘《寻梦》《闹场》诸剧，真如置身其事者，缠绵凄婉，泪痕盈目。一日，演《寻梦》。唱至“待打香魂一片阴雨梅天，守得个梅根相见”，盈盈界石，随声倒地。春香上视之，已气绝矣。

商小玲作为饰演杜丽娘的演员，整日出演此等缠绵悱恻的故事，再加上自己的情感并不顺遂，终于在演剧之时伤心而亡。《柳亭诗话》记载：“娄江女子俞二娘，年十七，未适人，酷嗜《牡丹亭》传奇，批注其侧。幽思苦绝，有痛于本词者，愤惋以终。”据说汤显祖听闻此事之后，还特地作《哭娄江女子二首》诗来哀悼她。

画烛摇金阁，真珠泣绣窗。如何伤此曲？熏偏只在娄江？

何自为情死，悲伤必有神。一时文字上，天下有心人。

《牡丹亭》的读者故事之中最缠绵悱恻的一则，根据明人笔记中的记载可知：冯小青是万历年间扬州人，自小被养在青楼，后被杭州的纨绔公子冯云将买去为妾。可是冯云将的妻子是个“冷血妒妇”，小青进门之后，就被隔离在西湖孤山居住，不仅不能与丈夫见面，甚至缺乏与人的基本交流，除了一个监督、伺候她的老婆子外，谁也不能见。在这种孤寂的生活中，冯小青整日以读《西厢记》《牡丹亭》来打发日子，终日以泪洗面。她写了一首关于自己阅读《牡丹亭》的诗：“夜雨敲窗不忍听，挑灯夜读《牡丹亭》。世间也有痴如我，岂独伤心是小青？”

小青曾请人为自己画了张肖像，前三次她都不满意，认为不具其神，最后一次方才成功。画完之后，小青临画哀叹道：“小青，小青！画中人岂有汝缘份耶？”不久小青就在抑郁中孤凄地死去了。临死前，小青把自己梳洗得整洁干净，焚烧了多年的诗稿，平静地离开了人世。在冯小青死后，有人根据冯小青的事迹，写了一出《小青挑灯》的传奇。

由于汤显祖的《牡丹亭》在文坛的极大影响，很多文人创作了《牡丹亭》的续集。有《临川梦》《石榴记》《梦花酣》《后牡丹亭》等,《牡丹亭》的故事和思想获得广泛的共鸣,甚至达到“家传户诵”“老妪皆能道之”的效果。

《红楼梦》第二十三回中,对《牡丹亭》为少女们开启的“青春自伤”情绪进行了细致的描写,从侧面体现了《牡丹亭》的魅力。

这里林黛玉见宝玉去了,又听见众姊妹也不在房,自己闷闷的。正欲回房,刚走到梨香院墙角上,只听墙内笛韵悠扬,歌声婉转。林黛玉便知是那十二个女孩子演习戏文呢。只是林黛玉素习不大喜看戏文,便不留心,只管往前走。偶然两句吹到耳内,明明白白,一字不落,唱道是:“原来姹紫嫣红开遍,似这般都付与断井颓垣。”

林黛玉听了,倒也十分感慨缠绵,便止住步侧耳细听,又听唱道是:“良辰美景奈何天,赏心乐事谁家院。”听了这两句,不觉点头自叹,心下自思道:“原来戏上也有好文章。可惜世人只知看戏,未必能领略这其中的趣味。”又后悔不该胡想,耽误了听曲子。又侧耳时,只听唱道:“则为你如花美眷,似水流年……”林黛玉听了这两句,不觉心动神摇。又听道:“你在幽闺自怜”等句,亦发如醉如痴,站立不住,便一蹲身坐在一块山子石上,细嚼“如花美眷,似水流年”八个字的滋味。忽又想起前日见古人诗中有“水流花谢两无情”之句,再又有词中有“流水落花春去也,天上人间”之句,又兼方才所见《西厢记》中“花落水流红,闲愁万种”之句,都一时想起来,凑聚在一处。仔细忖度,不觉心痛神痴,眼中落泪。

戏曲在发展过程中,借鉴了正统的诗、词、文,以及民间歌舞、说唱技艺的成果。戏曲和小说的血缘关系尤其亲密,它们在许多方面是互相借鉴和渗透的,唐宋传奇和各种笔记小说成为古代戏曲取之不尽、用之不竭的题材宝库。著名的如明代汤显祖的《临川四梦》有“三梦”是取材于唐人小说。戏曲的故事情节对小说的创作也有影响，如在《三国演义》《西游记》《水浒传》等出现之前，在戏曲舞台上就有大量的“三国戏”“水浒戏”和“取经戏”上演，它们直接推动了长篇小说的诞生。李渔把小说看作是无声的戏曲，并将自己的小说集定名为《无声戏》。

参考书目

1. 陈平原编:《漫说文化丛书——闲情乐事》,复旦大学出版社,2005 年。
2. 费振钟著:《江南士风与江苏文学》,湖南教育出版社,1995 年。
3. 楚流、王德、孙新编著:《闲情文化》,中国经济出版社,1995 年。
4. 王敦煌著:《吃主儿》,生活 · 读书 · 新知三联书店,2005 年。
5. 李渔著:《闲情偶寄》,中国社会出版社,2005 年。
6. 陈传席、刘庆华著:《精神的折射——中国山水画与隐逸文化》,山东美术出版社,1998 年。
7. 祝尚书著:《心灵的绝唱——诗词歌赋》,四川人民出版社,1996 年。
8. 周国平著:《闲情的分量》,陕西师范大学出版社,2010 年。
9. 孙涛著:《东坡拾瓦砾:苏东坡这个人》,天津教育出版社,2008 年。
10. 闫红著:《她们谋生亦谋爱:误读秦淮八艳》,天津教育出版社,2007 年。
11. 曹雪芹著:《红楼梦》,岳麓书社,1987 年。